キャリコン視点のジェンダー論

男はスカートを
はいては
いけないのか？

一般社団法人ジェンダーキャリアコンサルティング協会

神田 くみ 橘 亜季

CONTENTS

CONTENTS

書籍購入特典

本書の感想を以下のメール宛先までお送りください。感想を送っていただいた書籍購入者は、Webサイトにアクセスして特典資料をご覧いただけます。

■書籍購入特典

1. これからの「キャリア」とジェンダー　対談 神田くみ×橘亜季

2. 資料集：ジェンダー課題を踏まえた働き方のケア　Q&A集

3. 資料集：ジェンダーを理解するための映画・ドラマの一覧表

 book2023@gcci.jp

一般社団法人 GCCI　https://gcci.jp/

第1章

はじめに

　本書は、ジェンダーについて悩みを抱えるすべての人々と、その周囲にいる"ジェンダーについてこれまで考えたこともなかった人々"に対して、ジェンダーについて考えるきっかけを提供すべく企図して作られました。社会通念としてのジェンダー規範は、ある時代のある場所における、ある考え方のひとつであり、常にアップデートされているものです。ジェンダーギャップ指数が低い[1]ことが問題とされる我が国（日本）におけるジェンダーを取り巻く「今」を知り、ジェンダーに対する考え方のアップデートにつなげていただければ幸いです。

1-1 私が「もう一人の私」に気が付いた時

「もう、あなたは何もわかってない！」

パートナーは続けて言う。「あなたは男だから、女の気持ちが分からへんねん！」

そっちこそ、全然、男の気持ちが分かっていないじゃないか！

じゃあ、女は男の気持ちを分かっているのか？

私は考えてみました。

男だから女の気持ちが分からないのだろうか？

逆に女だから男の気持ちが分からないのだろうか？

いや、男だからとか、女だからとか、そもそもそういう問題なのだろうか？

男と女の間にある壁の正体は何なのでしょうか。

私は、ずっと秘め続けていた自分の中の女を開放し「女性として過ごす体験」をしてみるという突飛なことを考えるようになりました。ところが調べてみると世の中には私が知っていた男女二つの枠に収まりきらない生き方をしている人々が多くいることが分かってきます。そして、私が「突飛なこと」と当初は考えた「性別越境して過ごしてみる」ことは、突飛なことではなく、あまり世間に知られていないだけで、実に多くの人々が性別（とりわけ、出生時に割り当てられた性別）を超えた生き方を模索しているのでした。

男性の中にも女性らしさが潜んでいますし、女性の中にも男性的な部分は存在します。男女二元論にとらわれていた私が、女性ジェンダーで生活するという行為を通じて自分の殻を打ち破って違う世界に飛び込んでみると、確かに、"男"でいては気が付かなかった"女"の目線が存在し、男性社会に女性の活躍が求められる、多様性が大切であるという事について、身をもって感じられるのでした。

同時に男女の枠に困惑して生きづらさを抱える人々の存在、性的マイノリティの問題が、その当事者だけの課題ではなく、あらゆる人々が生きやすくいられるためのヒントに満ち溢れていることが見えてきました。「男」とか「女」は、ただの属性でしかありません。属性で人をカテゴライズして判断するのではなく、その人、一人一人を大切に見ていくこと。これが大切なことだと思います。冒頭の夫婦の会話は「男だから」「女だから」と枠にはめて理解できないことを属性のせいにしていますが、本当は性別に関係なく、自分と違う他人は理解しがたいものであるという視点が欠けているように思います。確かに性別というカテゴリーは、人々の生活にとって大きなものですが、性別が存在する前に、一人一人がそれぞれ違う個性を持ち、違う考え方を持っているという大前提を今一度、思い返す必要性を感じます。

　奇しくも、2020年は東京オリンピックでジェンダーギャップや性的マイノリティの存在が注目を集めるようになった時期です。科学的・歴史文化的に男女の性差にまつわる知識の向上は、ダイバーシティ実現に向けて多くの人々が関心を持つ内容でもあると思われます。本書では、ジェンダーフリーに向けたライフスタイルを自ら実践し、医学・薬学分野、法律・文化分野の異なる専門性から活動する二人が、キャリアコンサルティングという共通の接点から、性差をめぐるさまざまな話題を論じ、ジェンダーフリー時代のキャリアと働き方について考えたいと思います。

1-2 そもそも「ジェンダー」とは？

　男性や女性を表現するとき、セクシュアリティ（Sexuality）、あるいは、性（Sex）という表現が使われます。性とは、一般的に身体的特徴から生まれた時に割り当てられた性のことをいい、生物の生殖場面で相互に補完しあう一対のグループ（雄と雌）に分ける特徴の総体とも言えます。これに対して、ジェンダー（Gender）は、社会的属性や機会とのかかわりが重要で、女性と男性、女児と男児の間における関係性、さらに女性間、男性間における相互関係を意味します。また、ジェンダーは一定の背景において女性・または男性として期待され、許容され、評価されることを決定します。殆どの社会では、課せられる責任や負うべき活動、資金・資源へのアクセスと支配、意思決定の機会において、女性と男性の間に違いや不平等が存在します。ジェンダーはより広範な社会・文化的背景の一部でもあります。「男性らしい（マスキュリン）」や「女性らしい（フェミニン）」はジェンダーのカテゴリーにあたります。

　最近、さまざまな分野で「多様性」を意味する「ダイバーシティ」という言葉を耳にします。ダイバーシティは「個人や集団の間に存在しているさまざまな違い」を認め、積極的に労働市場で採用、活用しようという意味合いで使用されています。東京オリンピック2020でも大会ビジョンの3つのコンセプトのひとつに「多様性と調和」が挙げられ、ジェンダー平等をめぐる議論、職場におけるLGBTなどのセクシュアル・マイノリティ（以下、LGBT）への取り組みの評価指標「PRIDE指標」も話題になりました。

　本書では、性差をめぐる多様性について、科学・医学・進化論、

歴史・制度・法律の観点から多角的に思いを巡らし、男性と女性を
めぐる二元論が如何に矛盾に満ちたものであるかを浮き彫りにした
いと思います。男性と女性という枠組みにとらわれることによる弊
害を少しでも取り除き、その人がその人らしくいられる世の中を実
現するために、男性らしさ・女性らしさ等の決めつけられた枠組み
が如何に作り上げられた幻想であるかを学びます。本書を通じてジ
ェンダーの枠組みから解放される人々が一人でも多くでるよう願っ
ています。

1-3 そもそも「キャリア」とは？ ―「キャリア」とは生き方そのもの―

　皆さんは、「キャリア」という言葉にどのようなイメージをお持ちでしょうか。多くの方々がキャリアという言葉から仕事・経歴・就職・出世などをイメージするのではないでしょうか。厚生労働省ではキャリアを『時間的持続性ないしは継続性を持った概念』として定義しています。つまり、キャリアとは、働くことに関わる「継続的なプロセス（過程）」および「生き方」そのものを指しているといえます。人々は、仕事に取り組むプロセスの中で、様々な技術、知識・経験を身に付け、人間性を磨いていくことになり、そこにはプライベートも含めた自分自身の生き方を磨いていくことも含まれてきます。そして、人々が生活していく上で男女性別による経験の違いは、生まれ持った男女性別の違いと同様にそれぞれの人々のキャリアに大きく影響を与えています（第3章〜第5章参照）。日本は国際的にも珍しく女性よりも男性の方の幸福度が低いという事実は意外に知られていないのではないでしょうか（第5章-5参照）。ジェンダーギャップ指数が低く女性差別があると言われているにもかかわらず！です。キャリアコンサルタントとして共通のバックグラウンドを持つ筆者らは、女性の問題を解決するために必要なのは男性の意識改革ではないかという課題意識をもとに、ジェンダーについてキャリアと重ねて論じてみようと考えました。

　労働市場において、キャリアを判断するポイントには、以下の5つがあります。

　1.　技術・知識を示す経験

　2.　人となりを表す考え方・人間性

　3.　日本特有の判断基準である年齢（そして、性別）

4.　学歴・転職回数・社格などを含めた転職履歴

5.　景況感およびトレンドなど外的要因

厚生労働省『キャリア形成を支援する労働市場政策研究会』報告書より

　変化の激しい今の時代、この５つの要素を掛け合わせて、自分の未来を自分で築く力が求められるようになってきています。そのためには、自分なりの優先順位を考えキャリア（仕事だけでなく、人生）を描いていく事が大切です。５つの要素のうち、年齢や性別が労働市場におけるキャリアへ影響するという事は紛れもない事実ですが、果たして本当にそれでよいのでしょうか。性別を理由とした制約が払しょくされたとき、新たなキャリアの在り方が見えてくるかもしれません。

第 2 章

性をめぐる多様性
性自認・性表現・性指向

　本章では、ジェンダーをめぐるさまざまな誤解を解き、性に悩む人々や、その周囲の人々が、セクシュアリティとジェンダーをめぐる諸課題を理解するための基礎知識を提供します。ジェンダーの課題を議論するに際してLGBTという言葉が使われ、性の多様性が論じられますが、この議論の中に、性分化疾患（DSD）の存在が抜け落ちていることがあります。身体の多様性についての誤解を解くことも本書の重要な使命です。

2-1 LGBTからSOGIへ

　ジェンダーと聞いて皆さんが思い浮かべる単語に、LGBTという
キーワードがあるのではないでしょうか、LGBTは、レズビアン、
ゲイ、バイセクシュアル、トランスジェンダーという4つのタイプ
の性的マイノリティの総称として使われますが、最近では、男でも
女でもある、またはどちらでもない人を表すクィア（またはクエス
チョン）を示すQを足してLGBTQと言ったり、インターセックス
を表すIを足してLGBTQIと言ったりすることもあります。さらに
は、性的指向が誰かに向かない人をも含むLGBTQIAあるいは、
LGBTQ+等とも言われたりします。ただし、インターセックスにつ
いてはLGBTQなど性的マイノリティの人々の間でも誤解や偏見が
大きく、詳しくは以下に説明していきます。

　さて、ここでLGBTという言葉に何か違和感をお持ちになりませ
んでしょうか。

　LGBTという言葉には、性的指向を表すLGBと、性的指向を表さ
ないトランスジェンダーを意味する「T」が混在しています。トラ
ンスジェンダーの人々にも多様な性的指向があり、性的指向の在り
方そのものも、LGBだけでは収まりきらない幅広い概念を含みま
す。**性的指向と性自認が混同して使われることで、次のような間違
った認識が生まれてしまいます。**

　　・「ゲイの人はこころが女性であるため、女性用の洋服を着たいと
　　　思っている」
　　・「女性の格好をしている男の人は、男性が好きに違いない」
　　・「バイセクシャルの人は、こころの性が定まっていない」

性的指向 (SO)

L
Lesbian
レズビアン

性的指向が女性である女性

G
Gay
ゲイ

性的指向が男性である男性

B
Bisexual
バイセクシュアル

性的指向が性別を問わず両性である人

性自認 (GI)

T
Transgender
トランスジェンダー

出生時に割り当てられた性別と、身体的性もしくは表現する性が異なる人

性自認 (GI)

Q
Questionning
クエスチョニング

自分の性別や性的指向を決められない、迷っている状態の人。

身体的性

I
Intersex
インターセックス

体の状態を指すもので、現在では「DSDs：体の性のさまざまな発達」と呼ばれている

性的指向 (LGB以外)

A
Asexual
アセクシュアル

無性愛者。同性だけでなく異性に対して恋愛感情を抱かない、性的指向が誰にも向いていない。

Pansexual
パンセクシュアル

あらゆる性別を好きになる人

Queer
クイア

マイノリティ全体を繋ぎとめ、連帯へと導く働きとして使われるようになりました。マイノリティの総称の意味もあります。

Nonbinary
ノンバイナリー

人間というものが、「男」か「女」というジェンダーの二項目のどちらかに明確にあてはまるという考えとは異なり、「バイナリー（二項）ではない」という概念。

表現する性 (社会的な性)

M
Male
男性

出生時に割り当てられた性別が男性である人 男性として生活している人

F
Female
女性

出生時に割り当てられた性別が女性である人 女性として生活している人

B
Bigender
バイジェンダー

出生時に割り当てられた性別を問わず、両方のジェンダーの認識をもったり、両方のジェンダーに沿ったミックスな行動を取る人

巻末の用語集もご参照ください

・「トランスジェンダー（男から女／女から男）の人は、男（女）が好きだから女（男）の格好をするのでしょ？」

このような間違った認識は、「性的指向」と「性表現／性自認」の理解が曖昧なために起きる一例で、セクシュアルマイノリティ（性的少数者）に対する偏見や誤解を招いてしまいます。こうした偏見や誤解をなくすため、セクシュアリティを決める要素を『SOGI』という言葉で表すようになってきました。

2-1-1 SOGI（SEXUAL ORIENTATION & GENDER IDENTITY）とは

今、「SOGI（ソジ）という視点から、少数派も多数派も含めて人間の多様性を理解することが重要だ」という考え方が注目されています。SOGIのSOは「性的指向」を意味し、GIは性自認を表します。「SOGI」はLGBT当事者に対する"少数派"というイメージや枠組みをなくし、より多様性を表現するための言葉として生まれました。

性的多数派の人々は、LGBTを他人事と捉えがちですが、ジェンダー問題を自分事とするためにSOGIの概念が役に立ちます。**「SOGI」という言葉にセクシュアルマイノリティという概念は存在しません。**LGBT当事者もそうでない人も皆同じように「SOGI」があり、両者を少数派と多数派で区別しないのがSOGIなのです。

2-1-2 性自認と性的指向は異なる

皆さんは自分のことを男性だと思っていますか？　女性だと思っていますか？

性自認とは、自分の性別に対する自己認識の事であり、生まれた

ときに割り当てられた性別と自分を認識する性別が一致しているとき「シスジェンダー」といい、異性（男性なら女性、女性なら男性）に恋愛感情を持つことを「ヘテロセクシュアル」と定義します。誰かのセクシュアリティを決める際、身体の性、こころの性、好きになる性、表現したい性、色々な性の組み合わせがあって、**性は100人いれば、100通りの在り方が存在する**ことを我々は認識しておきたいものです。

- 自分を男（女）だと自認し、女（男）を好きな人
- 自分を男（女）だと自認しているけど、好きになるのは男（女）の人だという人
- 自分を男（女）だと自認し、男も女も好きになる人
- 自分を男（女）だと自認し、男も女も含め、人に対して性的関心や恋愛感情を持たない人
- そもそも、自分に性別を感じない人
- 自分を男でも女でもあると自認している人　などなど

2-1-3 性指向と性表現は必ずしも一致しない

　性自認や性的指向は性表現と一致するとは限りません。例えば、異性装をしている人を考えてみましょう。宝塚の男役の女性は、男性の格好（性表現）をしていますが、性自認は男なのでしょうか？歌舞伎の女形は、性自認が女なのでしょうか？　必ずしも表現している性と性自認が一致するとは限らないことをお判りでしょう。性指向も同様、どのような性表現をしているかと性自認・性的指向は無関係です。性自認や性指向が多様であるのと同様、性表現も多様であってよいと思われます。なお、申し添えておきますと、宝塚や

歌舞伎の役者でなくとも、普通の生活をしていく上で、人々はもっと自由な自分の在りたい性表現があっても良いと思われます。そもそも、男性らしい服装、女性らしい服装とは誰が決めたのでしょうか。近頃は、学校の制服でも男女別に分かれていたものが、男女分けに苦しむ生徒の存在を踏まえ、また、制服による無意識の男女分けをなくそうという考え方から、ジェンダーレス制服が登場するようになってきました。ある学校では、スラックスを男性用、スカートを女性用と呼んでいましたが、この呼称を見直し、A型、B型のような性別に寄らない呼び方をするように工夫しています。

🌱 豆知識　性自認および性的指向に関する調査（令和4年3月 東京都総務局人権部）によると、LGBT関連の言葉の認知度として、「性同一性」は95.5%、LGBT（LGBTQなど）は90.8%だったのに対し、SOGIは18.1%でした[2]。

「制服が作られるようになった明治時代、当時は富国強兵を支える存在として男性は強くたくましく、女性は良妻賢母になって男子を支えるように」と教育されていました。この時代に、軍服をもとに男子の制服ができ、そのあと女子の制服ができたのが今の制服のルーツです。男女別々の制服はそれぞれに求めるイメージを象徴したものですが、時代は変わり、男女平等を求めるこのご時世、制服の在り方も見直されてしかるべきでしょう。

2-1-4　性表現は何のためにあるのか？

　性表現（Gender Expression）とは、服装や髪型、仕草、言葉遣いなどの外見に表れる性（ジェンダー）を、自分がどう表現したいかということです。言い換えると、見た目の男らしさ／女らしさのことです。男らしいと思われたいので男性らしい口調で話すとか、女性らしい言葉遣いで女性を表現する等、見られたい自分を表すのに使われたりします。例えば、同じように「女性の格好（と呼ばれる姿）」をしている人にもさまざまなパターンがあります。

　性表現は性自認と関係が深く、多くの場合、自認するジェンダーと表現するジェンダーは一致していますが、そうでない人々も存在します。例えば、Ｃ）のパターンは、異性装（トランスヴェスタイト）と呼ばれます。このほかにも、性自認そのものが揺れ動く人々（ジェンダーフルイド）、自認する性別が典型的な男／女に当てはまらない人々（Ｘジェンダー）等、さまざまな人がいます。性表現は性自認とは区別され、独立した要素として「性の４つの要素」に加えられます。

	生まれた時に 割り当てられた性	自認する性※	表現する性※	性的指向※
A)	女性	女性	女性	女性 男性 どちらでもない どちらでもある
B)	女性	男性	女性	女性 男性 どちらでもない どちらでもある
C)	男性	男性	女性	女性 男性 どちらでもない どちらでもある
D)	男性	女性	女性	女性 男性 どちらでもない どちらでもある

※　ほかにも様々なバリエーションがあります

A) 生まれた時に女性として割り当てられ、性自認が女性である人、そして女性らしい服装
B) 生まれた時に女性として割り当てられ、性自認は男性である人、そして女性らしい服装
C) 生まれた時に男性として割り当てられ、性自認は男性である人、そして女性らしい服装
D) 生まれた時に男性として割り当てられ、性自認は女性である人、そして女性らしい服装

2-1-5 性を決める４つの要素：性表現とトランスジェンダーの関係性

性の４つの要素には以下のものが挙げられます。

1. 身体的性：身体構造における性。外陰や内陰、染色体、性腺など生物学的観点から定められます
2. 性自認：自身の性をどのように認識しているか
3. 性的指向：どんな性の人を好きになるか
4. 性表現：見た目や言動などで表す性

あくまで性表現は、自らが表現したい性別を表現しているだけであり、そこに何らかのセクシュアリティの要素が確実に入っている、ということではない点、注意が必要です。現実の社会では、男らしく、女らしくという考え方が性表現に及ぼす影響は少なくありません。社会生活を送るうえで、性表現は自らが表現したい性別を表現しているだけです。

前述したとおり、性表現は性自認や性的指向などセクシュアリティの要素は含まれません。十人十色というように、人それぞれさまざまな考え方が存在し、100人いれば100通りの性（ジェンダー・セクシュアリティ）に対する考え方があると言えます。したがって、このことを理解していれば、性別は男性と女性の二つしかありえないという考え方（男女二元論）の呪縛から解き放たれ、「その人がその人らしくいられる」という事を受け入れやすくなるのではないでしょうか。

2-1-6 LGBTという言葉の功罪

　LGBTという言葉は、自分が何者であるかを分からず悩みを抱えている人々に、自分と同じような人々が世の中にいるのだという気付きを与え、人々が共通の認識で課題にあたるうえで大きな役割を果たしてきたと言えます。また、LGBTという言葉は自分を発見する言葉でもあります。しかし一方で、LGBTに当てはまらない人々の存在（クィアやDSDsなど）を置き去りにし、言葉だけが独り歩きして乱用される状況をも生み出してしまいました。

　LGBTが社会的に注目を集める一方で、性分化疾患を有する方々は軽んじられてきた側面があります。性分化疾患を有する人々にとって、「性はグラデーション」という言葉は、苦悩を深めることにもつながりかねません。性分化疾患を有する人の中にも性的指向や性自認はさまざまですが、彼ら／彼女らは、性別違和感を有するトランスジェンダーの人とは、根本的に違う問題を抱えています。

2-2 身体的性について考える〈DSDの存在〉

　ここまで、LGBTを中心にSOGIも含めて、性を構成する3要素（性自認・性的指向・性表現）について取り上げてきましたが、性を構成するもうひとつの重要な要素についても多様性の視点から見てみたいと思います。

　性自認・性的指向・性表現にさまざまな形があったように、女性・男性の身体的性にもさまざまな形があります。日本では性的マイノリティの話題において、男女をつなげた「グラデーションモデル」が使われることがありますが、身体の性のグラデーションモデルは、身体の性にかかわる部位（性器のサイズや女性の子宮の有無、尿道口の位置、性腺の種類、染色体の違い）に悩み、男性・女性としての尊厳を損なわれている人々に対する誤解を招きかねないという点で不十分です。社会的に男（女）らしくない筋肉量や体毛を持つ男性や女性、異性の身長と同じ身長の女性や男性は、どう位置づけられるのでしょうか？　彼ら・彼女らは、男女のグラデーションの中間にある性別なのではなく、それぞれに、男であり、女なのです。

2-2-1 DSDs（DIFFERENCES OF SEX DEVELOPMENT）について

　DSD（Differences of sex development：体の性の様々な発達）とは、以前は**「性分化疾患」「インターセックス」**と呼ばれていた女性・男性の生まれつきのさまざまな体の状態を表す用語です。LGBTおよびSOGIの項目で論じた性自認の問題とは異なり、**DSDsは身体の性の多様性のことを表している**点に注意が必要です。DSDsの多くの場合、当事者たちは自分に対して男女二元論を無くす必要も

感じておらず（この点では、シス男性・シス女性と全く同じです）、ただ切実に自分をただの男性・女性としてみてほしいと願っています。体の性の微妙な違いは、人種・肌の色等の重要な多様性のひとつとして尊重され排除されることがあってはいけません。この観点から、DSDsは「女性・男性の体の多様性」と言えます。ただし、身体障害や視覚聴覚障害を持つ人々にも性的マイノリティの人々がいるのと同じようにDSDsを持つ人々にもLGBTQ等性的マイノリティの人々もいます。DSDsに関する情報は「日本小児内分泌学会」および、「日本内分泌学会」のホームページに記載があります。また、慶応義塾大学病院の性分化疾患（DSD）センターの情報が詳しいです。

2-2-2 体の性のグラデーションモデルは DSDの子どもたちを傷つける

　DSDsは、性的指向や性自認の多様性の問題と混同されることが多く、このことでDSDs当事者が傷ついている現状があります。がんで子宮を失った女性に対して「あなたは子宮がないから女性ではないけど、自分のことを女性だと思っているなら女性として認めてあげましょう」などというでしょうか？　無精子症の男性に対して「あなたは精子を作る能力がないため、男性とは言えません」などというでしょうか？　もし、そのようなことを言われる側の立場に立ってみれば、このことがどれだけ本人の尊厳を傷つけることになるかは容易に想像がつくのではないでしょうか。

　DSDsを持つ子どもたち・人々の大多数は、生まれた時の性別と育てられた環境におけるジェンダーは一致しており、むしろ自分の体の一部が他の人と違うことで、自分が完全な男性・完全な女性として見てもらえないことを恐れています。身体の話は、性的指向や

性自認の多様性とは別の話なのです。

性のグラデーションモデルの課題

　本章でみてきたように、性的指向や性自認については、さまざまなバリエーションがあります。このようなバリエーションの存在を段階的に色が変わっていく様子を表す「グラデーション」という言葉になぞらえ、図に示すように表したものが「性のグラデーションモデル」です。

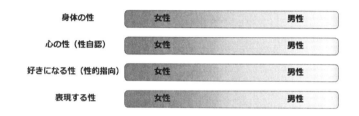

　一見するともっともらしく思えるかもしれませんが、この図にはいくつかの問題点があります。特に身体の性について中間があるかのように書かれている点は訂正が必要であると当事者団体が訴えています（日本性分化疾患患者家族会連絡会　ネクス DSD ジャパン https://www.nexdsd.com/dsd)。DSDsの人々は多くのシスジェンダー（生まれた時の性別と生活上の性別が一致している）と同様、明確に男であり、明確に女なのです。「体の性」のグラデーションモデルは、体の性にかかわる部位（性器のサイズや尿道口の位置、子宮の有無、性腺の種類、染色体の違い）に悩み、女性・男性としての尊厳を損なわれている多くのDSDsを持つ人々にとっては、グラデーションの中間に位置づけられることによって、「あなたは100%の女性（または男性）では、ありませんよ」と言われている気分に

なるのです。DSDsの患者家族連絡会[3]では以下のような図を提唱しています。

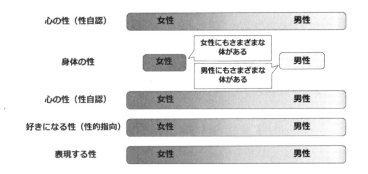

ジェンダー（社会的な性別）の問題は、性を決める４つの要素（身体の性、心の性、性的指向、表現する性）が複雑に絡み合い、ひとつの枠に収まりきるものではないのです。だからこそ、「性的マイノリティを理解しよう」という立場の考え方ではなく、世の中の人々が、「ありのままに」「自分らしく」生き生きと生活していくためにも、ジェンダーにとらわれない（ジェンダーフリー）の考え方が必要であり、個々の人々の在り方を尊重することが求められるのです。

2-2-3 Y染色体神話を崩す〈さまざまな性分化疾患〉

　男女の話をするに際して、心の性や身体的外見的性別（性器の形状）は、あとから変えられるからあてにならない、性別を判定するには染色体が重要だといった考え方があります。オリンピック等の競技スポーツではアスリートの性差に目が向けられるケースが増えてきました。スポーツのパフォーマンスを左右する筋力・骨格・体力レベルの平均値は男性が女性を上回ります。こうしたことから、

男女が一緒に競うと、女性の活躍の場を奪う恐れもあるとして、男性が女性の競技に乱入しないように性別チェックが行われたりします（最近では、性別が染色体だけで決まらないことから、筋肉量にかかわるテストステロン値を測定するなどの検査が行われます）。

　スポーツの性差に注目が集まったきっかけは、2009年の世界陸上選手権800メートル競技で優勝した南アフリカの選手、キャスター・セメンヤさんの性別疑惑が持ち上がったことでした。以前は外性器の形状を目視で確認するだけでしたが、それだけでは不十分であるとして、後に性染色体をチェックするようになってきました。しかし、女性・男性の体の違いは、性染色体だけでは説明のつかないこともあるのです。

　男性はXY染色体、女性はXX染色体を持つと学校で習うため、多くの方々はY染色体があれば男性だと思いがちです。しかし、染色体は遺伝子（DNA）を入れるパッケージでしかなく、そもそもY染色体の重要な遺伝子はX染色体と同じであり、基本的にX染色体が縮んだものがY染色体なのです。また、身体の発達にかかわる遺伝子はX/Y染色体にだけあるのではありません。少なくとも20以上の染色体が体の性の発達にかかわり、X染色体では3つ、Y染色体では少なくとも1つの遺伝子が体の性の発達にかかわります。

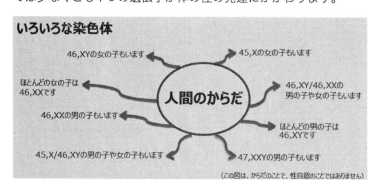

いろいろな染色体

46,XYの女の子もいます

45,Xの女の子もいます

ほとんどの女の子は
46,XXです

46,XY/46,XXの
男の子や女の子もいます

人間のからだ

46,XXの男の子もいます

ほとんどの男の子は
46,XYです

45,X/46,XYの男の子や女の子もいます

47,XXYの男の子もいます

（この図は、からだのことで、性自認のことではありません）

【参考資料】さまざまな性染色体の組み合わせ

　例えば、**アンドロゲン不応症の場合**、染色体はXY染色体ですが、性腺は男性に多い精巣で、その精巣からは「男性ホルモン」とも呼ばれるアンドロゲン（テストステロン）が作られるのですが、それを受ける身体の細胞の方がまったく、もしくは一部しかアンドロゲンに反応しないため、生来的にお母さんのお腹の中の時から男性ではなく女性として発達し、生来的にも全くの女性に生まれ育つのです。このような体の状態は、X染色体上のAR遺伝子の違いによって起きるということがわかっています。つまり、Y染色体があっても遺伝子の違いによって女性に生まれ育つということもあるのです。そしてこのアンドロゲン不応症は一生わからないということもあります。なぜなら、アンドロゲン不応症の場合、精巣から出るアンドロゲンは、脂肪細胞内のアロマターゼ酵素によって「女性ホルモン」とも呼ばれるエストロゲンに変換され、胸のふくらみなどの女性の二次性徴が発現するからです。

　南アフリカの女性選手、キャスター・セメンヤさんはまさにこのような体の状態だったと言われています。これはセメンヤさんもその家族もまったく知らないことでした。

　実際には、セメンヤさんのタイムは女性歴代5位でしかなく、日本の男子中学生歴代10位よりも遅いのですが、見た目で「女らしくない」と思われたのでしょう。ですが、そもそも彼女の体はアンドロゲン（テストステロン）に一部しか反応しないから女性に生まれ育ったのであり、テストステロンの量も関係がないはずなのです。ですが彼女は「女性なのに速く走る」「見かけが女っぽくない」という理由で無理やり検査にかけられました。男性競技で優れた成績を出すと称賛されるのですが、女性競技で優れた成績を出すと、こういう疑いをかけられたり、むりやり検査を受けさせられたりすると

いうことが起きるのです。ここにも「女は速く走るべきではない」「女なら女らしくなくてはいけない」という「性別役割」の固定観念がはたらいています。こういうところにも、「ジェンダー」の問題が関わってくるのです。

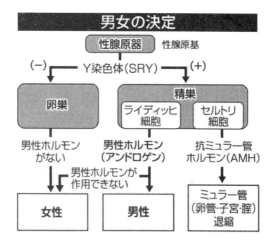

松波総合病院腫瘍内分泌センター長　今井篤志医師による解説図
（ネクスDSDジャパンより許諾を受けて掲載：https://www.nexdsd.

　そして、これはDSDsではありませんが、性ホルモンに関わる遺伝子の変異により生じる**アロマターゼ過剰症（AEXS）という状態**もあります。アロマターゼは副腎で作られたテストステロンをエストラジオールに変換する酵素で、通常は副腎と皮下脂肪に多くあります。AEXSの人は通常は発現していないはずの組織でもアロマターゼがあるために全身でテストステロン→エストロゲンの変換が生じてしまいます。すると、男性ホルモンは正常だし、性器は男性型、母親の体内では正常に男性型で発達して男児として生まれてきます。つまり、染色体はXYであっても男性ホルモンがエストロゲンに変換されてしまうために、いわゆる男性らしい体にはなりにくいのです（治療にはアロマターゼを止める薬が使われます）。

人々は、女性・男性のからだの性の作りに対しても、ついつい、染色体や性腺、ホルモン量を女性・男性の本質としてみてしまいがちです。染色体や性腺に対する生物学的固定観念が強い場合、短絡的に「両性具有だ！」「女性（男性）じゃない！」とパニックを生じる傾向があります。ですが、DSDsを持つ人々は神話的な両性具有ではなく、ただ少し体の作りが違うだけの女性・男性に過ぎません。「男でも女でもない」といったような誤解・偏見は、DSD当事者にとってはとてもつらい体験につながります。また、トランスジェンダーと性分化疾患を同一視する傾向も問題です。残念ながら、トランスジェンダーの人々の中には自分は性分化疾患・インターセックスであると思い込んだり、自称したりする人もいます。トランスジェンダーは「体の性別と心の性別（性自認）の不一致」で、DSDsは「生まれつき女性にも男性にもさまざまな体の状態がある」ということです。両者はまったく別のものなのですが、このような自称インターセックスの存在もDSDsや性別の議論を複雑にしてしまう事のひとつなのです。

ジェンダー課題を論じる
時、しばしば当事者の立場の
違い（トランスジェンダーの
中でも世代間ギャップや、性
自認と身体の問題、ノンバイ
ナリーの多様性等）から、自
分と違う意見に対してヘイト
だと受け止めて論争に発展す

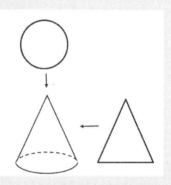

るケースが見受けられます。こうしたことは、お互いに同じも
のを見ていても、見えているもの（見ている視点）が違うとい
う点を意識すると、冷静に受け止められるのではないかと思い
ます。例えば、円錐は横から見れば三角形ですが、上や下から
見れば円です（上図）。見る方向によって見え方は異なり、その
どちらに見えていることも正しいと言えます。

「物事をどの位置から捉えるのか」という「物事を見る上での
立場」のことを「視座」といいますが、フォーカスした場所だ
けを見ていては見えないものが、見る視点を変えると（立場を
変えると）見えてきます。高い「視座」を持つことで、双方食
い違う意見も立場の違いによるものだと冷静に受け止められる
のではないでしょうか。

　キャリアコンサルタントは、クライアント（相談者）の抱え
る問題を受け止め、「精神的なケア・心理的問題の解決へのサポ

ート」を行うことも重要な仕事の柱とします。情緒的な安心感を持つことではじめて相談者さんは自らの現実と向き合い、将来を客観的に見つめ直すことが出来ます。キャリアコンサルタントの役割は、単なる職業あっせんや仕事の情報提供だけではありません。一人ひとりみな異なった考え方・感じ方をしていることを心から認めることが、私たちキャリアコンサルタントの基本的態度として求められています。

　ロジャーズ（Rogers, C.R.）は、カウンセリング技法の基本的態度として①自己一致、②無条件の肯定的配慮、③共感的理解の3条件を挙げています。これら3つの基本的態度は、相談者さんが「自分を隠したり、必要以上によく見せたりしようとせず、ありのままに構えのない自分でいられる状態（自己一致）」を作り出すことであり、相手をかけがえのない独自の存在として尊重する態度です。そして、その人の主観的な見方、感じ方、考え方を、その人のように見たり、感じたり、考えたりしようとすることが共感的理解にあたります（相談者が白い壁をピンク色といったら、ピンク色なのです）。

第3章

「ジェンダー」をめぐる
歴史と文化

　第3章では、現代社会におけるジェンダーを取り巻くさまざまな習慣や常識の前提となっている、歴史や文化の側面について取り上げます。日本における「男らしさ」「女らしさ」は、歴史の流れの中でどのように形成され、また変化してきたのでしょうか。また、最近は揺れ動いているとはいえ、なぜ今の世の中では女性はメイクをするのが当たり前だとされ、男性はスカートをはいてはいけないとされるのでしょうか。皆さんと一緒に考えてみたいと思います。

3-1　なぜ男性はスーツを着なければならないのか？

　なぜ、多くのビジネスシーンにおいて、男性だけスーツを着なければならないのか？　これは筆者が子どもの頃からずっと抱えてきた疑問です。

　毎朝の満員電車の中は、季節を問わず画一的なデザインや色彩のスーツ姿の男性ばかりでぎっしり。一方、女性たちに目を移すと、夏は涼しげに軽快に、冬は暖かく体を包み込むように、四季に応じた個性豊かなドレスコード。

　こんな光景は見慣れた日常。そう思う人は多いでしょうが、ふと立ち止まって考えてみると、おかしくはありませんか？

　昭和の時代には、スーツは企業戦士たるビジネスマンの象徴であり、むしろそれに身を包むことを誇りに思う人も多かったかもしれません。平成も前半までは、女性の社会進出がまだまだという時代背景の中で、男女のドレスコードが違うのはやむを得ないという考えが中心でした。

　そして、共働き世帯が飛躍的に増えて、専業主婦が減少の一途をたどる平成後半を経て、令和の時代。女性が結婚して出産してもフルタイムで働き続けるのが普通の時代となり、男性の家事や育児への参加がますます大きなテーマになっています。

　非正規雇用として働く女性の待遇の低さが社会問題ともなっていましたが、2020年4月からスタートした**「同一労働同一賃金」**によって、徐々に是正されていくことが見込まれます。ハローワークなどを中心とする募集求人の現場でも法律によって女性に対する差別解消がさらに強化され、男性と等しい職場環境で働き続けることへの後押しがはかられつつあります。

　もはや、男性はビジネス社会の“主なメンバー”だからスーツを着

ることが義務づけられ、女性は“サブ的なメンバー”だからある程度自由な（カジュアルな）服装でも許される、という慣行が「常識」とはいえない世の中になってきています。

2020東京オリンピック・パラリンピックでは、選手団の制服における“男女差”の解消がはかられ、スカートの廃止やパンツルックへの統一などを盛り込んだデザイン化が実施されました。JR東日本をはじめとする大手企業でも、パンツルックへの統一、ネクタイやリボンの廃止や統一、帽子などのアイテムの選択化などが進められています。中学・高校などの教育現場においても、全国的に同様の取り組みに向けた試行が盛んになりつつあります。

男性＝スーツしかダメ、女性＝カジュアルOK。こんな思考停止とも思える固定観念は、徐々にしかし確実に変貌しつつあるといえるでしょう。2020年6月から**パワハラ防止法**が段階的に施行されましたが、男性＝スーツ、女性＝カジュアルといった職場慣行は、間接的とはいえパワハラの温床となる可能性があるでしょう（ドレスコードが男女で別れることで、無意識に男らしくふるまうことで女性に対して自分を優位に置こうとする傾向が強まるのでは？）。冷静に考えると、そうしなければならない理由はまったくありません。むしろ、企業の秩序維持という目的で男女を機械的に振り分け、それぞれに異なるドレスコードを義務づけてきた今までの慣行や習慣は、確実に見直しが必要な時代となってきているでしょう。

従業員のドレスコードをめぐる裁判には、男性のひげが論点となった大阪メトロ事件などがありますが、裁判所は基本的に個人の服装や表現の自由を認めています。ひと昔前までは、法律家の世界でも、企業が男性にのみスーツ着用を義務づけるのは社会通念の範囲内と考える人が多数派でしたが、今では一定の多様性を認める理解が支配的になりつつあります。スーツ着用が正面から問われた裁判はありませんが、おそらく令和の時代に提起されたならば、一般的

な業種業態の企業は敗訴する可能性が高いでしょう。

働く人の服装は、合理的なものであるべきではないでしょうか。
トヨタ自動車のように、男女がまったく同じ作業服で、社長までもが訓示では同じ作業服を着用することには、日本的な美しさを感じます。でも、公務員や一部の金融機関のように、男性のみが強制的にスーツを着用させられて、同じ職務内容の女性は女性であることのみを理由にカジュアルが許されていることには、違和感を感じずにはいられません。それが「全体の奉仕者」たる公務員であれば、なおのことです。

「男はスーツを着た方が格好いい」
「スーツがあった方がかえってラクだ」
「自分からスーツを着たがる男性は多い」

　こんな議論もよく耳にします。もちろん、否定はできないと思います。
　ただ、人間には必ず個性があり、世の中には必ず例外があります。それは決して悪ではなく、ありのままの姿なのだと思います。冬はセーターにカーディガン、夏はカットソー一枚で過ごせる女性の隣で、一年を問わず必ずカッターシャツに袖を通さなければならない男性の中には、肌が弱く体質的に首まわりを襟で覆うことが適さない人もいます。クールビズとはいえ真夏にスーツやカッターシャツを身につけることで、熱中症を発症するような人もいます。これらが**「合理的な判断」**であるとはとても思えませんし、自己の意思では選択できない"性別"を根拠に差が設けられているのであれば、著しい「不合理」だといわざるを得ません。
　「#Me Too」運動が世界的に広がる時代。そろそろ、男性も女性も性差を超えて等しく尊重され、当事者の意思に反したドレスコー

ドが強制されない議論が必要でしょう。そのことが、結果としてまだまだ根強く残る「女性差別」の解消にも通ずるのではないでしょうか。

 豆知識 **#Me Too運動**

#MeToo（ミートゥー）は「私も」を意味する英語にハッシュタグ（#）を付したSNS用語で、セクシュアルハラスメントや性的暴行の被害体験を告白・共有する際に使われます。多数のハリウッドの著名人たちが賛同を示し、「セクハラや性的虐待を見て見ぬ振りをするのは終わり」にする「タイムズ・アップ」運動につながりました。

3-2 なぜ女性はメイクしなくてはならないのか？

　毎年、ハロウィンには仮想する若者たちで賑わいます。ハロウィンの仮装では、派手なメイクをするコスプレがひときわ目立ちます。例えば、「鬼滅の刃」のキャラクターにふんする人の姿だと男性キャラクターもメイクをするのが自然です。このような人物設定にかぎらず、男性がメイクするのは違和感がないどころか、むしろ自然な演出表現かもしれません。

　ところが、実際の社会ではメイクをするのは、ほぼ女性のみです。最近は男性でもメイクをする人もいますが、若者やかなりおしゃれの感度の高い人に限定されているのが現実です。女性は中学や高校の頃から周りの環境に影響されてメイクをするようになり、就職活動をするようになると事実上メイクをすることが強制されます。お化粧によってキレイになることは素晴らしいことかもしれませんが、

そうした審美的な価値観は人によって異なるものです。女性でもメイクが嫌い、あるいは体質に合わない人もいますが、社会的な常識として、今なお、社会人である女性はマナーとしてメイクをしなければならない、とされています。このことで、男性からの目線を常に気にかけなければならないだけでなく、女性同士の対抗意識もエスカレートすることで、心の違和感や精神的なストレスを抱える女性も少なくありません。

これは逆にいうと、**男性はメイクをしてはならないことの裏返しです**。若者や大学生では、いわゆるビジュアル系などのファッションが好きな人は男性でも派手なメイクをします。しかし、そんなたしなみを楽しむのも若いうちだけで、ほとんどの人は社会人になるとメイクはしなくなります。それは、社会人である男性はメイクをしてはならない、という常識が今なお根強いからでしょう。ある年齢を超えてメイクをする男性は、社会的には普通でないと見られることになるケースが多いように思います。

では、なぜ女性はメイクをしなければいけないのでしょうか？

おそらく、答えは**「女性だから」**でしょう。

日に日に価値観が変貌しつつある時代とはいえ、今の世の中では女性は「女性らしく」生きることが望ましいとされます。それは、**「男性から選ばれる性」**であることを社会的に求められているからだともいえるでしょう。若々しく美しく、個性的に魅力的に、おしとやかに透明感があるように、自分自身を表現していかなければなりません。それはもちろん内面的な意識やスキルもありますが、何といっても外観的な審美的要素が大きいといえるでしょう。

まれに男性でもメイクをしたいと思う人がいますが、そうした価値観が今までの社会で受け容れられなかったのは、男性は「女性ではない」という基本的なコンセンサスが支配的だったからでしょう。メイクは選ばれる性（＝女性）がするもの。そのような固定観念が

根強い社会では、男性は選ぶ性としてより自分を力強く見せようとする選択行動に出ます。スポーツクラブで筋力を鍛えたり、高級車や高級時計を所有したり、社会的な肩書を帯びたりするのがその典型です。そのためには、メイクをする＝女性的に見せるというベクトルはマイナスにほかならなかったのです。

しかし、時代は変わりました。

昨今の「KuToo（クーツー）」運動は女性にパンプス着用を強制する社会のあり方に根本的な疑問を与えました。結果的に大手航空会社を始めとする名だたる企業のルールを変えることになった意義は大きかったでしょう。メイクについても、社会的な構造はパンプスと同じです。就業規則や服務規律上、メイクをすることが義務づけられてはいなくても、事実上の職場のルールとして新卒採用以来の暗黙の義務として職場のルールとなっていることはめずらしくありません。職種や企業風土にもよるでしょうが、ある日突然ノーメイクで出社することには相当の勇気がいる会社が多いといえるでしょう。

 豆知識　**KuToo（クーツー）運動**
　　　　#KuToo（クートゥー）は、日本の職場で女性がハイヒールおよびパンプスの着用を義務づけられていることに抗議する社会運動で、＃MeTooをもじって「靴」と「苦痛」を掛け合わせた造語です。

そもそも**日本の歴史を振り返ると、古くはメイクは男女関係なくほどこすのが常識でした**。平安貴族が化粧をした姿はその典型ですが、少なくとも武家政権が誕生するまではメイクは女性らしさの象徴というよりは外観的な権威の象徴であり、むしろ権力者である男

性に好まれ対外的にも評価されてきたのが一般的でした。

　中世以降の武士の衣類においても甲冑などを帯びた武装の一部として化粧がほどこされる例も見られましたが、しだいに武士としての力強さとコンセプトを相反していくようになります。それでも、江戸時代までは男女ともに化粧をする文化が日本には存在し、男性も普通に眉化粧やおしろいをほどこしていました。

　劇的に歴史が展開したのは、明治維新になってからです。

　明治政府による富国強兵の推進は、男性と女性の社会的な立場を固定化する政策でもありました。ここで**「男らしさ」「女らしさ」という考え方が社会に根づくようになり、男性はメイクをすることがなくなりました**。戦争の時代においては軍服を着て戦う男性が上位概念にあり、女性はそれらを支える補助的な存在だと位置づけられたからです。

　この点、日本はキリスト教的な宗教観の根強い西欧とはバックボーンは異なるとはいえ、結果的に西欧的なジェンダー観に近づいていったと考えることができます。

　今は法律で男性の育児休業の制度が強化されていく時代です。政府は女性活躍推進を加速しなければこの先の日本の経済規模が維持できないことを十分に認識していますから、女性の働き手を支える男性の存在の必要性を強く求めているわけです。

　しかし、今までの社会のあり方やカルチャーをそのままにしておいて、ただ男性の育児休業を推進しようといっても、なかなかそれだけではうまくいかないでしょう。今の日本では、メイクをしなければならない女性という社会的な価値観は、動揺しつつも根本的には変わってはいません。そんな中でポーズだけ男性が育児に参加するといっても、（それが第一歩になる可能性は認めつつ）抜本的な解決策にはならないものです。

　なぜ女性はメイクをしなければいけないか？

この問いは、ただファッションとか外観的なテーマではなく、社会のあり方や男女の役割意識にかかわる深いテーマだと思います。

「べつに女性でもメイクしなくてもいい」

「べつにメイクする男性がいてもいい」

　という個人的な価値観だけではなく、根本的な社会規範のあり方がもう一歩フラットになっていくと良いのではないでしょうか。

　女性と男性はもちろん異なる特徴を持っていますが、それは社会の仕組みや歴史の変遷によっても変化していくものです。「男らしさ」や「女らしさ」が社会的に権力性なり支配性を帯びている以上は、それは純粋に生得的な違いに根差した自然なものとはいいきれないでしょう。

メイクをして美しくなるのも自由。

ノーメイクで自分らしく生きるのも自由。

社会的に強制されない女らしさ（男らしさ）を。

　そもそも私たちはジェンダー役割以前に、同じ「人間」なのですから。

3-3　女性の容姿とビジネス上の評価の関係

「生まれ変わるとしたら、男に生まれたいか？　女に生まれたいか？」。

　こんな古典的な問いに対して、かつては男女ともに「男に生まれたい」と答える人が多かったものの、最近は顕著に**「女に生まれたい」**という人が増えつつあります[4]。この傾向は「子どもを産むとしたら、男女どちらがよいか？」という問いでも同じであり、かつて

は同じ姓を受け継ぎ後継者になりやすい男の子を希望する人が多かったものの、最近は「育てやすい」「共感しやすい」「お金がかからない」といった理由で女の子を求める人が多いといいます。

女性が男性と同じように働くのが当然の時代となり、ファッションやライフスタイルにおいても男女の垣根が低くなる中で、**女性は"男性社会"の論理に縛られない"自由"を手にしている**ともいえます。

例えば真夏のビジネスシーンでも、男性はクールビズと称しつつもネクタイを外しただけのワイシャツ姿が圧倒的に多いのに対して、女性はワンピースやカットソーやＴシャツなど自由で自分らしいカジュアルな服装をする人も多いです。このような場面を目にして、「女性の服装は自由でよい」とか「男性は服装に興味がない」といった"社会通念"を持ち出す人も少なくありません。ただ、実際には価値観は人それぞれですから、女性でも制服があった方がラクでいいと考える人もいれば、男性でも個性的なおしゃれがしたくて仕方ない人もいます。

その意味では、とりわけ若い世代の男性の中には「自由な格好が許される女性がうらやましい」「男性にのみスーツ着用が求められるのはおかしい」と考える人も増えつつあります。さらに、若くてキレイな女性はまわりからの評価も高いため、恋愛や友達づくりにおいて有利なだけでなく、ビジネスシーンでも得をするのではないかという見方があります。実際にビジネスにおけるサービス産業化がますます加速し、人と人とのコミュニケーションの資質がより求められる場面が増える中で、容姿が対人的な評価のうちの大きな要素を占めることは間違いなく、「女性は得」「美人は得」というのはひとつの現実なのかもしれません。

それでは、実際には女性の容姿とビジネス上の評価の関係はどのように考えることができるのでしょうか？　脳科学者の中野信子氏

は話題作となった『空気を読む脳』（講談社α新書）の中で、女性の容姿と現実社会との関係について考察されています。「第2章　容姿や性へのペナルティ」によると、美しい女性は社会的・経済的にも得をしていると考える人が多いものの、実際には容姿の良さがかえってマイナスに働き、美人は平均的な女性より損をしてしまう傾向があるといいます。その理由は、外見が良いことは男性ではビジネス上も有利に働くが、女性はむしろ逆であり、消極的で意欲や決断力に欠けるという偏見を持たれる傾向があるからだといいます。

　美しい女性は、事務職などコミュニケーション能力が必要とされる職種では高く評価されるものの、決断力や指導力が求められる管理職やビジネスパートナーとしては不利に扱われます。そのため、組織の中で出世していきたい女性は、できるだけ自分を「女性としての魅力に乏しく」「男性的に」見せる必要に迫られます。

　このような中野氏の見立ては、とても興味深い考察です。色とりどりのファッションを自由奔放にたしなむ女性たちを傍らに、個性を発揮しにくく暑さや寒さにも対応しにくい画一的なスーツに身を固める男性たちは、それが企業や文化によって強制されたものだという以上に、スーツ＝体制派の“定型”をむしろ“武器”として利用しているととらえることができるかもしれません。

　男女に物理的・生物学的な性差があることはもとよりですが、そうした“差”を必要以上に強調することによって“差別”が生じてしまっていたり、事実上の活躍が阻害されていたりするとしたら、これほど不合理なことはないといえるでしょう。いかに国が女性活躍推進をうったえ、女性の社会的・経済的地位の向上を目指しても、それらは現実に私たちの社会や生活を取り巻く“意識”にアクセスするものでなければ、残念ながら効果は限定的だといえるかもしれません。

　その意味では、若い世代の人がファッションにおいて男女の垣根をなくそうとし、「男らしさ」「女らしさ」といった旧来の価値観と

は一線を画した"中性的な"ライフスタイルを目指す動きが見られることは、トレンドとしては必ずしも悲観したり否定されたりすべきものではなく、むしろこれからの時代に向けた先駆け的で積極的なチャレンジだと受け止めることもできるでしょう。若い男性の中に、スーツを着ることを毛嫌いし、他人とは違った個性を発揮したいと考える人が増えつつあることは、男女の間の不合理な"壁"を低くし、間接的とはいえ女性活躍推進を後押しする動きだととらえることができるでしょう。

比喩的な表現でいえば、**「男性がスーツという"鎧"を脱ぎ捨てることで、ビジネスシーンはいっきにフラットになる」**。そのように考えられるかもしれません。男性に生まれようが、女性に生まれようが、みんながそのことを誇りに思い、心から対等に支え合い、評価し合える世の中を目指していきたいものです。

3-4 美人はNGでイケメンはOKの不思議

大学や地域でのミスコンが続々と廃止され、容姿をめぐる発言にも自重が求められる時代です。昨今の**ルッキズム**の風潮の中で、他人の容姿について「美人」「可愛い」などと表現することは慎まれ、メディアなどでも「美人○○」と報じられると必ずといってよいほど炎上するご時世です[5]。セクハラに対する法規制に次いで、**パワハラ防止法**もいよいよ2022年4月から中小企業への適用が開始されたことから、このような流れはさらに加速していくのではないかと思います。

性的マイノリティを取り巻く現状や課題について、「取り上げる」記者側、「取材を受ける」当事者側の双方の視点から要点をまとめた「LGBTQ報道ガイドライン ―多様な性のあり方の視点から」第2版（以下「報道ガイドライン」という）が策定され、LGBT法連合会のHPから無料でダウンロードできます。

LGBT法連合会「LGBTQ 報道ガイドライン」[5] より

https://lgbtetc.jp/wp/wp-content/uploads/2022/04/lgbtq-media-gudeline-2nd-edit-1.pdf

 豆知識 **職場におけるパワハラの定義**

職場で行われる、①～③の要素全てを満たす行為をいいます。
① 優越的な関係を背景とした言動
② 業務上必要かつ相当な範囲を超えたもの
③ 労働者の就業環境が害されるもの
※客観的にみて、業務上必要かつ相当な範囲で行われる適正な業務指示や指導は該当しません。

ここでは、2つの疑問があります。1つは、なぜ「美人」などという表現はいけないのか、本人が自称してもいけないのかという点。2つめは、世の中の風潮として「美人」という表現はNGなのに、「イケメン」は許されることが多いという点です。

なぜ、「美人」といってはいけないのか。これは明らかにフェミニズムや男女平等をめぐる歴史とかかわっています。

男性中心の経済社会に女性が進出する過程の中で、女性はさまざまな差別にさらされてきました。その多くは、資質とか能力とか実

績というよりも、女性が（男性とは異なる）異質の存在であることに起因していました。異なる体格で、異なる服飾で、異なる文化を持った存在。組織化、均質化、効率化が優先されたビジネス文化の中では、異質さを嫌い排除する力学が働きがちでした。そうしたバックボーンの中で、女性に対して「美人」という表現は、**対等の関係性の中で外見のよさを称賛するというよりは、仕事上の期待や実力の埒外の異質な存在としてのレッテル化を意味する揶揄的な表現を多分に含んでいた**と考えることができます。

　そのため、「美人議員」「美人弁護士」「美人建築家」などと評されることはあっても、（つい最近までは）「イケメン議員」「イケメン弁護士」「イケメン建築家」などといわれることはほとんどなかったのです。それぞれの職種、領域の中で女性が占める割合が少なかったとか、政治や経済に関心を持つ購読者やユーザーには比較的男性が多いなどという事情もあるにせよ、女性の持つマイノリティ性が強く働いていたことは否めないと思います。

「美人議員」「美人弁護士」「美人建築家」などが必ずしもそれぞれの職業や役割における能力の高さを表すわけではなく、ややもすると外見的な論評に引き寄せることによって本質的な能力の評価を回避するような側面があったのではないでしょうか。その意味では、「美人」という表現を軽々に使うのを避けるべきという昨今の傾向には、一定の正当性があるように思います。

　自称「美人」という表現はどうでしょうか。「美人」というのは本来その人の審美的な評価を表現する言葉であり、外見的な美しさや華麗さなどはもちろん、（女性としての）心のありようや内面的な美しさも含むと考えられます。そうすると、自分自身が努力した結果として「美人」であると自称する行為は直接に他人の人格を傷つけるものではないし、少なくとも「美人」を目指したいと表現することは当人の努力への意思の表れとしてプラスに受け止められるので

はないでしょうか。

　ある人が「美人」であると主張することが周囲に嫌みな発言だと認識されてしまったり、場合によっては間接的に他人の心を傷つけたりする可能性も否定できませんが、「美人」かそうでないのかという評価はあくまで相対的かつ主観的なものだと考えられるので、最終的には人間関係や信頼関係に依拠するところが大きいように思います。

　生まれもっての風貌や外見には大きな個体差がある以上、残念ながら人間はそれぞれが完全に平等ということはなく、ありのままに誰がどう見ても審美的に美しいという人もいます。逆にどう努力をしても審美性の向上への道のりが遠いという人からすれば、「美人」という表現自体に嫌悪感を感じたり、ある種の差別の意識を痛感させられるかもしれません。

　でも、これは人間の見た目に限ったことではありません。運動能力、身体特性に始まり、知的な能力や空間認識、言語能力や美的センス、ある分野に対する適応力など、人間が持つ能力はそれぞれですが、これらがすべて後天的な努力のみによって得られるかといえばそうではなく、残念ながら生まれた段階における違いは認めざるを得ないのだと思います。

　それでは、なぜ「美人」はダメだけど、「イケメン」は許されるのでしょうか。すべてにおいてそうではないけれども、ルッキズムにおいて「美人」という表現がタブー視されるのと比べると、「イケメン」という言辞に注がれる目線は寛容なように見えます。

　これについては、2つの側面があると思います。1つは、そもそも男性については仕事上の能力や実績、社会的地位や経済力などで評価される風潮が強いため、ある人が「イケメン」と評価されることで受ける事実上の影響は小さいといえます。あえて誤解を恐れずにいえば、チビでデブでハゲでもそれが彼の全人格的な評価を形成

するとはまったく限らず、実は○○という分野で押しも押されもしない評価を受けるすごい人だったという話も世間ではよく聞くものです。

　もう1つは、男性の持つ**「身体性」**について社会的に軽視されてきた歴史の影響があると考えられます。

　典型的な性別役割分担論が支配する中で、男性は強くあるべき、仕事中心の生き方をすべき、指導力を発揮すべき、経済的に家族を養うべき、といった価値観とともに、自らの持つ身体性についておおらかで、恥ずかしがってはいけない、という価値観が暗黙のうちに醸成され、子育てから学校教育のプロセスにおいて刷り込まれてきました。だから、多くの男性は他人に自らの生まれたままの姿をさらしても恥ずかしがらないし、男性用トイレのプライバシーは守られていないし、平気で男性浴場を女性スタッフが清掃していたりします。

　表現において「美人」はNGで、「イケメン」はOK。このような風潮は、おそらく当面は続くと思います。でも、ルッキズムの本質を考えると、女性にとっても男性にとっても、表現のあり方をめぐる課題は積み残されたままだといえます。明るい兆しがあるとすると、多様性の時代の流れの中で、男性社会のあり方や表現の方法にも、少しずつ幅が広がりつつあること。ルッキズムというと女性をめぐる表現に目がいきがちですが、実際には男性自身の価値観や規範意識が変わらないと、解決に向かわないテーマが多いといえます。

　多くの男性が均質化、没個性化の現状に疑問を呈して自由な行動や表現を志向するかどうか。その1つとして、スーツ文化のあり方なども変容していけば、「美人」「イケメン」をめぐる表現論もまた変化していくように思います。

　これからの社会は底流としては間違いなく多様化の流れに向かうと思いますが、その中で大事になっていくのは柔軟な発想とぶれな

い軸のバランスではないでしょうか。**男女の非対称性もそれ自体が永久不滅の原理ではなく1つのバロメーターに過ぎない**と考えるなら、ダイバーシティの大海原を遊泳する時代の私たちにとっては、古典的なジェンダー規範を固定化されたものと受け止めて過剰に依拠しない柔軟でありのままの個性との向き合い方と、ジェンダーをめぐる規範の持つ健全な社会性や文化性との間における、高度の平衡感覚をたしなむ作法が求められるといえるのかもしれません。

3-5 成人式の振り袖と卒業式の袴姿

　ある年末年始、新聞紙上では、こんな問題提起がされて話題になりました。

「いまどきどうなのよ」

「女は飾りじゃないんだよ…」

　大発会の最前列に陣取り、フラッシュを浴びながら、新聞やテレビに大々的に報じられていた晴れ着姿の女性たちは、証券取引所や証券会社の若手社員であり、事実上参加が強制されていたことが判明しました。ある証券会社の社長は、若い女性の中に、**「こういったことが嫌な人がいることを初めて知った」**と述べたそうです。このことの賛否はともかく、ハイヒール着用の強制廃止を求めた**#KuToo**運動の盛り上がり[6]などにも表れているように、ドレスコードや「男らしさ」「女らしさ」をめぐる意識が確実に変化していきているといえるでしょう。

　そもそも若い女性の振り袖は、「差別」なのでしょうか？　「特権」なのでしょうか？

　現在のような振り袖、留袖、訪問着といった和服文化の様式が完

成したのは、江戸時代だといわれています。和服には、もちろん明確な男女別の様式、文化があります。でも、江戸時代においては、男女の差もさることながら、それ以上に「身分」による区別の方が大きかったのです。いわゆる現在のような晴れ着を着るのはもっぱら武家や公家の女性に限定され、農家や商家や職人の妻や娘が着ることはタブーでした[7]。

そして明治維新を迎え、日本文化は急速に西欧化に旋回していきます。

その中にあって、進んで洋装を取り入れていったのは社会的地位を得て活躍することが求められた男性たちであり、家庭責任を果たすことを求められた女性たちは依然として和服姿も多く見られました。洋装＝最先端の西欧文化＝社会的ステータスという見方が根強く、そこから現在にいたる男性のスーツ文化が派生していきました。

女性はというと、戦後にいたるまで企業社会や役所で活躍する場面が乏しかったため、和服姿はしだいに少数派になりつつも、スーツ文化が根づくことはありませんでした。その反射的な影響として、生産活動を離れたカルチャーとしてのファッションが開花していくことになり、男性とは異なった華美で多様な服飾文化が進展していくことになります。

このように見てみると、女性の振り袖は「差別」でもあり「特権」でもあるというのが、実際のところかもしれません。若い女性だからという理由で、個人の意思や希望とは関係なく晴れ着を着て"見せ物"になることを強制される。これはかつての男性＝総合職、女性＝一般職という観念の名残りであり、明らかに「差別」だと思います。実態によっては、男女雇用機会均等法の考え方に触れかねないテーマだといえるでしょう。

一方で、男性はたとえ希望したとしても晴れ着を着ることはできません。

男女には生物的、身体的な違いがあるから、それは当たり前だと思われるかもしれませんが、日本の歴史には平安時代の貴族のように、化粧を施して女性を凌ぐほど派手な装束をまとっていた例などもあり、日本文化における「男らしさ」「女らしさ」は必ずしも普遍的な概念ともいいきれません。仮に女性であるという"身分"ゆえに振り袖を着ることができるととらえるならば、それは男性ゆえに"差別"されているという解釈もできないわけではないかもしれません。

　それでは、卒業式に女性が着る袴はどうなのでしょうか？

　そもそも日本において"袴"の歴史は古く、ルーツは遠く古墳時代に遡ります。古墳時代の袴は男性が着用するものであり、女性は裳（も）と呼ばれるスカート状の衣装を着るのが一般的でした。袴が現在のような姿になったのは平安時代になってからであり、主に上級貴族が男女問わず着用する正装として定着しました。宮中参内や行事などの際に着用するしきたりであったため、男女問わず袴が一般庶民に浸透することはありませんでした。

　江戸時代になって士農工商の身分が固定化されると、袴は主に武士が着用する衣装という考え方が定着し、宮廷の女官などの例外を除いて女性が着用することは許されなくなりました。

　明治時代になると身分制度が崩壊して男女問わず自由な服装を着ることができる時代となり、一般女性が袴を穿くことが憚られるというタブーもなくなりました。

　西洋化による文明開化の流れの中で、男性たちは競って洋装を取り入れて立身出世を目指しましたが、女性のスーツに該当するドレスコードは発達せず、しだいに富国強兵の中で男女別の統治・管理の時代に向かっていきます。女性に学問はいらないといわれた時代の中で華族向けの「女学校」が開設され、その制服として"袴"が採用されたのが、現在の卒業式で着用するようになった原型です。

　このように見てみると、現在の卒業式のドレスコードが定着した

のは明治時代の文化の名残りであり、当時の男尊女卑的な文化の中で女学校に憧れた女性たちの思いが受け継がれているともいえます。卒業式にしても成人式にしても、一生に一回の晴れ姿を披露する場で袴姿や振り袖に身を包むのは輝かしい日本文化を分かち合える絶好の機会であり、日本人としての誇りを胸に刻む瞬間でもあると思います。

　一方で、社会経済を取り巻く男女の役割分担や役割意識はかなりの速度で変化しつつあり、明治時代に男性が洋装化し、女性が和装を再構築したときの時代背景とは相当に乖離しているともいえます。自国の文化に誇りを持ち、伝統を受け継いでいくことはかけがえのないことですが、袴の歴史ひとつを取ってみても、時代や状況によって幾重にも変化してきていることが知られます。

　現在においても、男性＝洋装（スーツ）、女性＝和装（袴、振り袖）という文化が根強く共有されていますが、そろそろ次の時代に向けて変化すべき時期なのかもしれません。それは、今日において**男性＝スタンダード、女性＝特殊という性別役割分担（意識）が揺らぎつつある**ことからみても、十分に予兆を感じ取ることができます。明治時代に培われたモデルをあたかも日本古来の普遍の文化のごとく思考停止的にとらえるのではなく、むしろ和装文化に身を包んできた圧倒的に長い歴史の流れをくみながら、未来志向で男性のドレスコードの多様化を進めていく時代なのかもしれません。

3-6　制服、校則の今とジェンダーフリー

　価値観の多様化の時代の中で、制服の自由化の流れが加速しています。

　ある県の教育委員会は、制服の男女の区別をなくし、自由に選択

できるように校則で規定するよう、県内の高校に指導を始めました。このような傾向は、全国的にも広がりつつあります。かつては高校生や中学生の制服といえば、男子＝スラックス、女子＝スカートが暗黙のルールであり、ほとんどの人が疑問にも思いませんでした。しかし、ここ数年でそんな"常識"はじわじわと変貌していくかもしれません。制服の選択制の導入は、LGBTなど心と身体の性が一致しない人への配慮が背景にありますが、ジェンダーや服装に対する価値観の多様化が広まりつつあることにも対応しています。

そもそも**男性＝スーツにネクタイ、女性＝スカートにパンプスというスタイルは、明治以降の男女の社会的役割分担の価値観**に由来しています。しかし、女性の経済社会への進出や、男性の家事や育児への参加が加速し、固定的な分業意識の転換が図られる時代の中で、旧来の服装（ドレスコード）は変貌しつつあります。LGBTの生徒などへの必要な配慮が想定されていることはもとよりですが、個人の価値観として女子がスラックスを選んだり、男子がスカートを選んだりできるのが特徴だといえるでしょう。

いざビジネス社会に目を転ずると、ジェンダーレス化や自由化が進み、女性のパンツスーツやヒールのない靴なども普及しつつありますが、さすがに男性のスカートは社会通念としては認められていません。自ずから女性と男性とでは社会的参加のあり方や服装に対する価値観が異なるとはいえ、視点によっては若者の価値観を反映した学校教育におけるジェンダーレス化の方が先行しているという見方もできるでしょう。

江戸時代には、女性が男性の服装（羽織・袴）を身に着けて外出することは反社会的行為であり、幕府権力による処罰の対象になったといいます[8]。このような規範が人権蹂躙にほかならないことは、現代では衆目が一致するところです。ジェンダーフリーの時代。学生の制服の自由化を通じて、差別や偏見なく風通しのよい、閉ざさ

れた意味での性別の壁を超えた人間力を発揮できる若者が増えていくとしたら、心底素晴らしいことだと思います。

それでは、昨今の中学校や高校の校則をめぐる議論はどうでしょうか?

筆者（橘）はけっこうお堅い仕事をしていますが、髪は茶髪ですし、派手なネイルをすることもありますし、服装もまあまあ個性的だと思います。でも、それが仕事をする上で問題となったことはありませんし、ましてやそのことで信頼を失ったことはありません。それどころか、かえって良い意味で行き過ぎた緊張感がほぐれて、クライエントとの距離が縮まったり、心身ともに動きやすくて生産性が上がっている気がします。今は弁護士やドクターといった専門職、あるいは企業経営者や管理職などでも、かなりラフで自分らしい服装で仕事をする人が増えてきている時代です。ましてやコロナ禍の時代。テレワークが急速に普及し、Zoomなどでの会議が当たり前となった今では、仕事における自分の"見せ方"が変わり、ドレスコードをめぐる考え方も変容してきています。

男女の仕事服をめぐっても、今は男性はスーツにネクタイ、女性は事務服という無機質な時代ではなく、男女共通のユニホームを導入しようという流れと、基本自由化しようという流れが併存しています。

そんな中、中学校や高校における校則がまた社会問題になっています。

●黒髪でない生徒の髪は、強制的に黒に染めさせる。
●くせ毛などの天然パーマは、ストレートにさせられる。
●いわゆる2ブロックは、刈り上げにさせられる。
●スカートの丈が1センチでも違うと、その場で修正させる。
●制服の下に着用するインナーも、指定以外のものは認めない。

●下着の色のチェックを全員参加の体育館で行う。

●下着の色が違う場合は、その場で学校が預かる。

●コロナ対策で寒い教室でも、防寒着の着用は認めない。

　これらは昨今報道されているもののごく一部ですが、どれひとつをとってみても、合理的な理由があるとは到底思えません。それどころか、髪型や服装という人間の人格権の象徴的な部分について、事実上の強制力をもって一方的に服従させるような行為は、紛れもない人権侵害であり、憲法上も大きな問題になり得ます。

　学校における教育的指導だから、未成年だからというのは、まったく合理的な理由にはなりません。教育上必要であればその指針が明確に示されるべきで、下校時のプライベートまでの干渉は一切できませんし、未成年だからという理由で一定の規範を強制する根拠は、法令上はまったく見い出せないからです。一部の弁護士会などが人権擁護の観点から教育委員会や学校に対して警鐘を鳴らしていますが、そもそもこのようなとんでもなく"昭和的"なルールが、令和の時代になって今なお存続しているどころか、かえって規範力を強めていること自体が不可解にほかならないといえるでしょう。

3-7　男性をめぐるファッションやメイクの新潮流

　男性でもメイクをする人が増えてきました。

　雑誌などでもメンズコスメがふつうに特集されていますし、ネット上でもファッション系のコンテンツではあまり違和感がなくなってきたと思います。感覚的には平成生まれの女性で男性のメイクに違和感を持つ人はかなり少ないですし、その世代では男性でも抵抗感がかなり薄れてきていると感じます。

コスメというとかつてはデパコスか街の専門店で購入するのがふつうでしたが、今ではネット上でもあらゆるアイテムが入手できますし、ドラックストアのコスメコーナーで求める人も多いでしょう。全国的に競争が激化しているドラックストアではコスメがじわじわと主力商品となりつつありますが、このトレンドの変化が若い男性に与える影響は小さくないと思います。

　デパートや専門店でコスメを探すのには抵抗感があるけど、ドラックストアなら平気という人も多いものです。実際に最近のコスメコーナーでは、若い男性を目にすることも多くなりました。ふつうにメンズ向けの美容アイテムと並んでいるので、あまり人目を気にせず足を運べるのだと思います。

　企業経営や日常生活においてダイバーシティの価値観やLGBTの方々への理解の大切さが共有されつつある中で、「男らしさ」「女らしさ」という固定化された観念もまた良い意味で動揺してきています。男性がメイクをしたり、女性的なアイテムを取り入れたりすることについて、表面的には違和感や抵抗感をしめす人が多いにせよ、少なくとも「個人の価値観」は認めるべきだという流れが共有されつつあるのではないでしょうか。

　よく男性がメイクするのは気持ち悪いとか、骨格や雰囲気が合わないから女性の服装を着てはいけないという"常識"を述べる人がいますが、そうした人でも目の前に美しくメイクした男性が姿をあらわすと、「特に違和感がない」と受け止めたりするものです。体格にしても肌質にしても雰囲気やセンスにしても文字どおり"人それぞれ"ですから、実際には女性でも男性的な服装がものすごく似合う人もいれば、男性でも女性的な格好がずばり型にはまる人もいるわけです。

　要は"食べず嫌い"の可能性があるということ。放っていても女性アイテムが数年後には自然と男性アイテムに取り入れられるという

ことは自然に行われているわけですから、今の時代、あまり硬直的に「男性は○○」「女性は××」というイメージを焼き付けすぎるのは問題でしょう。**男性はメイクしてはいけないという社会通念は、いっけんすると男性にのみ不自由を押し付けている考え方のようでいて、社会学的にはむしろ女性に対する差別意識の裏返し**だと考えられています。

　語弊を恐れずにいえば、この場合の“男性像”は西洋的なキリスト教文化の土壌に由来しており、男性こそがスタンダードなジェンダーだという規範を共有する社会のあり方と根底ではつながっています。だから、男性はメイクなんてするものじゃない、ましてや女性物なんて身に付けるものじゃないという価値観は、暗黙のうちに男性は女性とは社会的役割が異なる、もっといえば生得的に女性よりも優越して与えられている立場なり位置づけがあるのだという仮説と表裏一体なのです。

　こういった価値観や規範がすべてくだらないとか誤っているとは思いませんが、今の社会の構造とこれからの向かう方向を考えると、そろそろ大幅なリニューアルが必要な程度に老朽化してきていることは間違いないでしょう。美しくメイクした男性の姿を目にすると、ありのままに好意的に受け入れる女性も少なくないと思います。それは好奇心という面もあるでしょうが、ジェンダー差別の価値観にさらされて生き続けてきた一人の女性として、身をもって女性の価値観を帯びた男性を本能的に歓迎するという意識があるのだと思います。

　令和の時代に男性のメイクはあり？　なし？　かといえば、もちろんありだと思います。男性みんなが一律にメイクするということではなく、ひとつの選択肢として個人の自由が尊重されるという意味でなら、今までそうした「表現の自由」が社会的に実質的に制約されてきたこと自体が、男性にとっても、そして女性にとっても不

幸なことだと考えるからです。

　あなたの街のドラックストアでも、自分のために真剣にコスメを選んでいる男性がいるかもしれません。その人が、男性だからという理由のみで白い眼を向けられる社会が、男性にとっても、女性にとっても、幸せな社会だと思いますか？　もっともっと本質的に自由であり、本質的に対等であっていいのではないでしょうか。

　今は毎日のようにジェンダーについて話題になっている時代です。

　ファッションや芸能関係はもちろん、政治の世界でもLGBT法案についての議論が本格化しています。世の中には、先進的な人から保守的な人まで、いろいろな意見があると思いますが、何が正しいか正しくないかはともかくとして、今までタブーとされてきたことが真正面から議論される時代になってきたことは間違いないでしょう。こんな時代ですから、ジェンダーとかLBGTの議論だけでなく、純粋にファッションについてもかなり多様化が進んできていると感じます。

　昔から女性がメンズ服を着ることには抵抗感はなく、世間も自由なファッション表現だとみなす傾向が強かったと思いますが、逆に男性がレディース服を着ることについては今なお違和感や抵抗を感じる人も少なくないと思います。時代の流れは確実に多様性や自由な表現を認める方向に向かっているはずですから、個人的には自己責任で自分を表現することには何の問題もないと思います。最近は気になったときにまわりの女性や男性に意見を聴いてみるように心がけています。

　筆者（橘）がSNSでざっくりと声を聴いた傾向としては、女性はほぼ9割の確率で多様性を認めるという意見の人が多いです。そもそもレディース服自体が自然に個性を打ち出すスタイルが多いことから、他人と被らない自己表現には寛容なのだといえるでしょう。

　逆に男性の場合は理解が示されるのは2〜3割程度で、「あえて目

立ちたくない」「ファッションに労力を割きたくない」「そもそも興味がない」といった意見が多数派なようです。毎日のように多様性が問われる令和の世の中になっても、まだまだジェンダーにおける受け止め方の違いは少なくとも肌感覚としては色濃いように感じました。

そんな中、個人的なSNSで男性がレディース服を着ることの是非について、意見を聴いてみました。ほぼ趣味で更新しているレベルですが、めずらしく3桁ほどの反応がありコメントも多数いただきました。プライバシーの関係で少し表現を変えていますが、いくつかをご紹介したいと思います。

あくまで私的なやりとりの範疇ではありますが、かなりの反応をいただいて、やはり今の時代に問題意識を持っている人が多いのだと、あらためて痛感しました。これからさまざまなシチュエーションで多様性や自由な自己表現をめぐる議論が深まっていくと思いますが、同時代を同じ目線で生き抜いている日常的な肌感覚を大切にしていきたいと思います。

時代は、確実に変わってきていますね。

3-8 ジェンダーニュートラルの潮流

「ジェンダーニュートラル（男女という二分された性別と、それに基づいた性的指向にとらわれない）」という言葉があります。この言葉は、性別を意味するジェンダー（gender）と、中立を意味するニュートラル（neutral）を組み合わせた単語で、性別を越えて中立的な状態を目指すものです。似ている言葉にジェンダーフリーがありますが、こちらは男女の平等に焦点を当てている点がジェンダーニュートラルと異なります。また、似た言葉にジェンダーレスがあり

SNSで男性がレディース服を着ることの是非についての意見抜粋

- 女性がメンズ物を着ると可愛いと言われますから、逆もあって良いと思います。

- 着たいものを着ることはおかしくないと思いますが、ある程度のバランスが必要かと思います。

- 似合ってれば何でも大丈夫だと思います。我慢して嫌いな服を着るより、好きな服着て笑われる方がはるかにマシ。

- 私も実際にレディース服を着ているので、おかしくないと思います。

- いろいろ着てみたいですが、固定観念があるせいで、まわりからおかしいといわれそうで、勇気がないです。

- 着たい服を着る意見に同感です。他人に不快感を持たれないようにするのがエチケットだと思います。

- 誰がなに着たっていいと思います。仕事の効率とかテンションが上がる方が大事。

- 職場は通年カジュアルなので、レディース物を着ても問題ありません。パンツルックは機能的ですね。

- プライベートでどんな服装をしようが自由だと思います。

- 私もレディースを着たいです。スーツの職場なので、女性の格好を見るとネクタイを締めなくてもいいのがうらやましいです。

- 普段着はワイドパンツを履いてます。快適なので、やめられません。

- ダメでもないし、おかしくもないと思います。私も自由にレディースでおしゃれしたいです。

- 仕事以外はほぼ女性服しか着ません。メンズ服のジーンズやTシャツよりも快適です。

- 男性でもレディース服、賛成です。スカートやワンピでもおかしくないと思います。

- 家にいるときは女性物の短パンや靴下も履きます。初夏から残暑は通気性が良くて快適。

- さすがにスカートは履けないけど、スパッツスタイルは身体に馴染んでいます。

- 男性物はコーデが限られてしまうと思っていましたが、最近はパンツコーデの女性も多いので、できる範囲でファッションを楽しんでいます。

ます。ジェンダーレスが性別をないものととらえるのに比べると、性別による役割認識やバイアスに縛られないことを意図して使われるのがジェンダーニュートラルだと言えます。以下、ジェンダーニュートラルの事例をみてみましょう。

Case-1：機内アナウンスの変更

　公共交通などで耳にする「Ladies and gentleman.」のアナウンスは、2020年10月より日本航空で機内アナウンスに使わなくなっています。これは、「淑女・紳士」を区別せず、どちらにも含まれない人々に配慮するためでもあります。

Case-2：男性名詞、女性名詞の廃止

　英語ではポリスマン（警察官）がポリスオフィサーと男性を表すmanが使われる職業の固有名詞が職業の名称を男女で分けることに疑問が呈され、修正されています。日本でも看護婦とは言わず、看護師と呼ばれるようになっています。

Case-3：男女分類しないユニセックスなファッション

　ファッション業界においてランウェイで性差を感じさせないコレクションが多く見られるようになってきています。PALOMO SPAIN（カテゴリーはメンズウェアとされますが、シルクのイブニングガウンやサテンのノースリーブジャンプスーツなどの素材や装飾、ジェンダーアイデンティティにとらわれないアイテム展開をしています）、Paul Stuart advance（性差や国境、人種を超えたボーダレスマインドを持つ人に向けたモードカジュアルスタイルのブランドで、性差を問わずに着用できます）、Ground Y（伝統的なメンズウェアのスタイルをレディースウェアに取り入れるなど、ジェンダーの固

定概念にとらわれることなくコレクションを展開。年齢や性別を超越した自由を私たちに提供）など。

Case-4：性別を限定しないジェンダーニュートラルトイレ

　米国ニューヨークでは2017年から共有スペースの無いトイレは男女ともに使えるジェンダーニュートラルトイレにすることが義務づけられています。ジェンダーフリー先進国の北欧・フィンランドにある「世界一優れた図書館（Public Library of the year）」として国際図書館連盟によって選出された公共図書館「Oodi（オーディ）」では、ジェンダーフリーな公共の手洗い場に個室トイレが並び、個室は中に人が入っている人影が浮かび上がるライティング仕様になっています。また、イギリスでのジェンダーニュートラルトイレの特徴は、トイレひとつひとつが（床から天井まで仕切られた）完全なる個室で、鏡や洗面台、手を乾かす設備などすべてが個室内に整っていることです。このように、男女性別を限定しない施設は増えてきています。

Case-5：会議の発言をAIにより男女別に分析する
　　　　　「Gender EQ」

　スウェーデンのデザイン会社が開発した音声認識AI「Gender EQ」は、男性と女性が話した時間の割合を測定し、男性社員と女性社員の発言量を実際の評価と比較して無意識なジェンダーの偏見を可視化するツールを提供しています。

第4章

「ジェンダー」をめぐる
法律と制度

　第4章では、ジェンダーをめぐる法律と制度について考えます。「男らしさ」「女らしさ」というジェンダーを取り巻く意識や規範は、男性あるいは女性として生まれ持った特質だという部分もありますが、それ以上に彼ら彼女たちが生まれ育った社会の環境や、社会人として活躍する上で外部から行動や思考を規制する、法律や制度が与えるインパクトもかなり大きいと考えられています。ジェンダーをめぐる法律や制度の現状と問題点、そして今後に向けた展望について、トピックを交えて皆さんと一緒に考えてみたいと思います。

4-1 LGBTをめぐる法律と制度の今後

　性同一障害特例法（特例法） が2004年に施行されて、18年になります。司法統計によると、2020年までの16年間で同法に基づいて戸籍上の性別を変更した人は、10,301人になります。

　いわゆるトランスジェンダーに該当する人は、一定の要件をすべて満たす場合には、特例法に基づく性別変更を申し立てることができます。同法が施行された2004年に性別変更が認められたのは100人に満たない数でしたが、2017年は900人を突破し、その後も高い水準が続いています。2020年以降は新型コロナウイルス感染症の影響で一時的に性別適合手術を受ける人が減少してますが、LGBTへの意識や理解は社会全体として高まる傾向にあることから、今後も増加する方向にあることは間違いないでしょう。

　約1万人というのは、多いのでしょうか、少ないのでしょうか。日本の人口は約1億2,500万人ですが、ざっくりというと18歳以上の人口は1億人ちょっと。約1万人というのは、およそ1万人に1人という割合になります。これはものすごく高いハードルの要件を満たして、家族や周囲の最低限の理解を得た上で、本人がまだまだ社会の偏見の根強い中で判断をして、実際に戸籍の変更手続きまでを完了した人数ですから、決して小さな数字ではないと思います。

　特例法による性別変更については、以下の要件をすべて満たす場合に限って、家庭裁判所の審判を申し立てることができます。

① ２人以上の医師から性同一障害と診断

② １８歳以上

③ 現在未婚である

④ 未成年の子どもがいない

⑤ 生殖腺がないか機能がない

⑥ 別の性別の性器部分に近似する外観を備えている

　これらのうち⑤と⑥については性別適合手術が必要となるため、実際には海外に渡航して手術を受ける人も少なくありません。性別適合手術は相当の経済的負担がかかるだけでなく、全身麻酔下における大がかりな手術となるため、身体の機能に与える負担やダメージが大きいほか、持病を持っている人が受けると生命にかかわるリスクもあります。

　諸外国ではノルウェーなどのように性別適合手術を受けなくても性別変更できる国もあり、日本よりも要件のハードルが低い国も少なくないことから、世界保健機構（WHO）なども性別適合手術を要件としていることは人権侵害だとする声明を出しています。また、日本学術会議も、高すぎるハードルを撤廃するために特例法を廃止して新法を制定すべきだという提言を出しており、このようなメッセージは各種機関や法曹界にも広がっています。

　実際に性別変更をして幸せになった人もいるでしょうし、今その方向に向けて努力をしている人もいるでしょうし、いろいろな可能性を模索して悩んでいる人もいると思います。まだまだ社会では偏見が多いですが、それでもLGBTに対する啓蒙や理解は少しずつ進んでいますから、かつてに比べれば世の中の風景は徐々にしかし確実に変わってきていると感じます。

　一方、手術要件の撤廃に対しては根強い反対意見もあります。大事なことは、**「男らしさ」・「女らしさ」という強すぎるジェンダー規**

範ゆえに「生きづらさ」を感じている人が多い社会のあり方を少しでも変革していくことだと思います。男に生まれたのだから、男らしく生きて当然。女に生まれたのなら、女らしく振る舞うのが当たり前。こんな社会的な強制の力が強ければ強いほど、男に生まれようが女に生まれようが、自分のジェンダーに違和感を覚える人は増えていきます。令和の時代、まさか男＝仕事、女＝家庭という感覚を絶対的なものだと考える人はごく少数派だと思いますが、今までの風習やしきたりが暗黙のうちに私たちを苦しめている場面はまだまだ多いと思います。

　コロナ禍の中、なかなか友人と外食するわけにいかないけど、仕事で夜遅くなったので一人で飲食店のカウンターに座ったら、地方だからということもあって、「女が一人で？」という偏見のまなざしを強く感じた。会社帰りにスーツ姿で保育園に娘を迎えに行ったら、園近くの道中でいかんともしがたい偏見の目線を浴びた。こんな例は地方などでは、まだまだ根強いかもしれません。男性、女性というジェンダーの違いを乗り越えて、差別や偏見なくみんな安心して暮らし仕事ができる世の中にしていくことが、大前提なのだと思います。

　特例法に基づく性別変更の仕組みは、本来は社会の多様性のあり方の延長線上にあるのだと思います。ところが、実際にはそのこと自体は大事なテーマとはいえ、社会全体の多様性とは切り離して議論される傾向が強いと感じます。多様性の確保という揺るぎのない豊かな基盤をなくしては、性別変更のような仕組みの緩和は趣旨が転倒しかねず、社会に大きな副作用をもたらすリスクもあります。

　もっとも分かりやすくいえば、女性だからという理由で就けない仕事や地位はないし、男性だからという理由でできない服装やファッションはないのではないかと思います。人ぞれ価値観は異なりますから、歓迎する人もいれば違和感を持つ人もいるのは当然ですが、

少なくとも憲法が保障する個の尊重という理念は最大限分かち合わなくてはいけない。私たちの明るい未来に向けて、もっともっとフレキシブルに生きていける世の中を目指していきたいものです。

4-2 男女雇用機会均等、女性活躍推進とジェンダー

今の日本ではジェンダー平等が国策として推進されていますが、世界経済フォーラムが発表した2022年の**ジェンダーギャップレポート**では146か国中116位であり、女性の賃金格差、管理職比率、政治参加などの評価が低いため、例年経済と政治の順位が低いと評価されています。主に雇用制度面からジェンダー平等を推進する法律としては、**男女雇用機会均等法**と**女性活躍推進法**があり、それぞれ数度の改正を重ねながら女性労働者の待遇の確保や活躍の推進がはかられています。

① 男女雇用機会均等法

1986年に施行された男女雇用機会均等法は、古典的な性別役割意識の根強い日本において女性の働き方やライフスタイルにもっとも大きな影響を与えた法律だといえ、募集・採用・配置・昇進などにおける男女差別の禁止規定が置かれています。以下の目的条文と基本的理念にある通り、もともと憲法で保障されている法の下の平等の理念にのっとって雇用の分野における男女差別を解消することが目指されており、日本におけるジェンダー平等の基本法的な位置づけとなっています。

（目的）
第一条　この法律は、法の下の平等を保障する日本国憲法の理念にのっとり雇用の分野における男女の均等な機会および待遇の確保を図るとともに、女性労働者の就業に関して妊娠中および出産後の健康の確保を図る等の措置を推進することを目的とする。

（基本的理念）
第二条　この法律においては、労働者が性別により差別されることなく、また、女性労働者にあつては母性を尊重されつつ、充実した職業生活を営むことができるようにすることをその基本的理念とする。
２　事業主並びに国および地方公共団体は、前項に規定する基本的理念に従つて、労働者の職業生活の充実が図られるように努めなければならない。

　男女雇用機会均等法では、性別による差別の禁止、**セクシャルハラスメント**の防止、妊娠・出産など理由とする不利益取扱いの禁止、ポジティブアクションの推進などが盛り込まれていますが、職場で働く側からの目線としては、性差別禁止とセクハラ防止がもっともコアな内容だといえます。差別禁止については、従来の募集・採用・配置・昇進などに加えて降格・職種変更・雇止めなども対象となっている点、「女性のみ」ではなく**「男女ともに」**対象となっている点に特徴があります。

　また、セクハラ防止は相談窓口を設けることや問題発生後の迅速・適正な対応をとることが会社の義務とされ、これらに反した場合は行政指導などを受けることになりますが、セクハラについては「男女ともに」対象となっているため、男性に対するセクハラも同様の取扱いとなります。ジェンダーについて価値観の多様化や役割意識の変化が顕著な昨今、日本においても一部の諸外国と同様に女性上司（先輩）から男性部下（後輩）へのセクハラが問題化する傾向も増えてくるのではと懸念されています。

② 女性活躍推進法

　2016年に施行された女性活躍推進法は、女性が職業生活上で個性と能力を十分に発揮できるように環境を整備することが目的とされていますが、2026年までの10年間の時限立法となっています。以下の目的条文にあるように、少子化の進行や労働力人口の減少、超高齢社会の到来などといった社会経済情勢に対応するため、女性が子育てと仕事を両立しやすい就業環境を整え、育児などを契機に職場を離れた女性が円滑に復帰できる方策が目指されています。

（目的）
第一条　この法律は、近年、自らの意思によって職業生活を営み、又は営もうとする女性がその個性と能力を十分に発揮して職業生活において活躍すること（以下「女性の職業生活における活躍」という。）が一層重要となっていることに鑑み、男女共同参画社会基本法（平成十一年法律第七十八号）の基本理念にのっとり、女性の職業生活における活躍の推進について、その基本原則を定め、並びに国、地方公共団体および事業主の責務を明らかにするとともに、基本方針および事業主の行動計画の策定、女性の職業生活における活躍を推進するための支援措置等について定めることにより、女性の職業生活における活躍を迅速かつ重点的に推進し、もって男女の人権が尊重され、かつ、急速な少子高齢化の進展、国民の需要の多様化その他の社会経済情勢の変化に対応できる豊かで活力ある社会を実現することを目的とする。

　女性活躍推進法では、事業主に対して一般事業主行動計画の策定が義務づけられ、女性の採用比率・勤続年数・労働時間・管理職比率などについて、状況把握や改善点の分析を行うことが求められています。行動計画の実施状況などが優良な事業主は、厚生労働大臣からえるぼし認定を受けることができますが、5つの評価項目の基準をいくつ満たすかによって認定マークの星の数が異なります。また、2022年の改正では、労働者が301人以上の規模の事業主につ

いて男女の賃金格差の開示が求められるため、男女別の平均年間賃金から女性の平均年間賃金の割合を計算して開示することになります。

　なお、ジェンダー平等に向けての社会の制度や慣行の存在については、男女共同参画社会基本法において、「社会における制度又は慣行が、性別による固定的な役割分担等を反映して、男女の社会における活動の選択に対して中立でない影響を及ぼすことにより、男女共同参画社会の形成を阻害する要因となるおそれがあることにかんがみ、社会における制度又は慣行が男女の社会における活動の選択に対して及ぼす影響をできる限り中立なものとするように配慮されなければならない」（第４条）とされ、社会のあらゆる制度や慣行を対象として、税制、社会保障制度、賃金制度などや生活に大きな影響を与えるものについて、男女の社会進出や家族、就労形態の多様化、諸外国の動向等も踏まえつつ、広く議論されアプローチすることが期待されています。

　今の世の中では、「男は仕事・女は家庭」「男性は主要な業務・女性は補助的業務」といった固定的な考え方によって男性、女性の役割を決めている例もいまだ多く見られますが、私たちが社会において活動を選択するにあたって、社会に存在する個別の制度・慣行が、男性あるいは女性であることによって、ある方向に誘導されたり、ある選択をしにくくしたりすることのないように、それらによる影響をできる限り中立なものとするように配慮することが求められています。職場におけるハラスメント対策や同一労働同一賃金の導入、男性の育児休業の普及拡大などによって男性、女性をめぐる固定観念は薄れつつあるといえますが、本格的な**「ダブルインカム社会」**の到来を社会全体の仕組みとして下支えしていく時代に向けての取り組みはまさにこれから加速していくと考えることができるでしょう。

少し前、ブラック校則が大きな社会問題になりました。地毛でも黒に染めなければならないとか、下着は白しかダメとか、体育の授業は真冬でも半袖とか…。意味が分からないどころか、ほとんど人権侵害としかいえないレベルの理不尽なルールが、今でも完全に改善されてはいない学校もあるようです。

学校を卒業していよいよ社会人になると自由かと思いきや、今度は謎の就活ルールが待ち受けています。それぞれの個性の違いや人間的な特徴などは完全に無視されて、あたかも金太郎飴のように同じ服装、同じ立ち居振る舞いが求められることになります。昨日までは内申点という謎の評価に翻弄されていた彼ら彼女たちが、今度は謎の就活ルールに右に倣えを余儀なくされます。

そして、晴れて社会人になって独立独歩で歩み始めようとすると、次に待ち受けているのは、マナーや慣例という職場の謎のルール。接客業で勤務中に水分をとってはいけないとか、上司にお酌をしなければならないとか、冬でも屋外の作業で防寒具を着てはいけないとか…。

もちろん、旧態依然たるルールをみなおそうとする動きは加速していると思いますが、まだまだ古き慣例にこだわるマインドの人は多いように思います。社会のあちこちでデジタル化が進んで、コロナ禍への対応で仕事のオンライン化や自由な働き方へと世の中がシフトする中で、なぜこんな状況がなかなか改善されないのでしょうか?

理由は、ふたつあると思います。

ひとつは、**男性と女性とを整然と分けることで、組織や社会を管理しようというポリシー**です。

就活では、必ず男性は男性の、女性は女性の決まりきった服装を
することが要求され、身だしなみだけにとどまらず、言葉づかいや
行動面でも「男らしさ」「女らしさ」が求められることになります。
本来、すべての男性が男らしい価値観しか持っていないとは限らず、
すべての女性が女らしい振る舞いや生き方を望むとは限りませんが、
もっとも可視化された服装において、端的に男性、女性というタグ
付けがされることで、あたかもそれ以外の価値観や志向性はないか
のような集団原理に身を置くことになるのです。

　このような価値観に埋め尽くされた組織の論理においては、男ら
しくない男性、女らしくない女性は、単に多数派とは違った見た目
をした少数派と目されるだけではなく、そもそも集団への適応がで
きず組織への忠誠心がない"問題児"として、徹底的に人間性が疑わ
れ組織から排除されるような圧力がかけられることになります。

　**ふたつめは、上位者（上司や先輩）と下位者（部下や新入社員）
とを、組織上の役割や職制の範囲を超えて、全人格的な"上下関係"
として意識させようというポリシー**です。

　みんなが同じ服装に身を包み、みんなが同じ行動を取らなければ
いけないというカルチャーは、規律性や秩序を重んじる伝統的な組
織運営の礎というプラスの要素もありますが、人それぞれが違う個
性を発揮することで独自の魅力を高め、それぞれが異なる個性を発
揮し合うことで厚みのある協働関係が築かれ、それが組織全体の成
長を後押ししていくという流れを阻害する意味では、マイナスも大
きいといえます。このようなマイナス面は、時代が変わり社会経済
の仕組みが変化することで、男性＝仕事、女性＝育児・家事という
役割分担が揺らぎ、コロナ禍によってそのような変化の流れがさら
に加速することで、目に見えるかたちで重くのしかかってきている
ともいえるでしょう。

　サラリーマンの"スーツ文化"に代表される全体に均質化を求める

ルールは、組織に属する構成員に男性と女性というタグ付けを明確にすることで、個性の平準化と固定された性別役割の意識化をもたらし、結果として組織への忠誠心を求め、上司や先輩の意思が絶対とする風土を生み出すことになります。この構図の本質は、あたかも男性＝総合職、女性＝一般職が当たり前とされた時代の絵と何ら変わっていません。ここでの登場人物は、**「一般男性」「管理者男性」「女性」**の3者。典型的な性別役割による社会のトライアングルです。

「一般男性」は、努力を重ねて実績を積むことで将来自分が「管理者男性」になる可能性を信じて、ほとんど疑問を感じずに組織の論理に身を染めます。心の底では個性を秘めつつも、表面上は迷いなく金太郎飴を演じ、経済的社会的地位を築くことを優先するため、外部から見れば彼は誰よりも従順な構成員になります。

ところが「女性」は、一部の例外（世にいう「名誉男性」的な存在）を除いては、男性のような「一般」「管理者」という階層構造を持ちません。だから、彼女たちは就活が終わったらいち早くリクルートスーツを捨てて、思い思いの個性を発揮していくことになります。もちろん、業種・業態による違いや個体差はあるにせよ、男性ほど金太郎飴に染まることはないのです。

でも、時代は変わりました。このようなトライアングルのモデルによっては、「一般男性」「管理者男性」「女性」の誰もが、決して十分にはメリットを享受できないのが今の社会の実態です。同一労働同一賃金、女性活躍推進の時代、「一般男性」が、かつてのような"出世コース"に乗って栄耀栄華を極める可能性は、ごく一握りの例外を除いて現実的に遠のきつつあります。

度重なる法改正によるハラスメント防止、コンプライアンス強化の時流の中で、「管理者男性」が、上司や先輩であるからという理由で部下や後輩よりも全人格的に優位に立つことは、ほとんど不可能

になりつつあります。賃金水準の変化や年金制度、扶養制度などの変遷によって、女性が結婚したら経済的に一生安泰という世の中は実質的に終わっており、男性同様にフルタイムで働くのがスタンダードという生き方が、男性育休の強化などによってもさらに後押しされていきます。

　ブラック校則、謎の就活、そして金太郎飴の社会人ルールが、いまだかつてないほど問題視される本当の意味は、ここにあります。日本人は変化を嫌い、集団に足並みをそろえる気質が強いといいますが、さすがにここまで述べたような現実を踏まえると、一定のリスクを賭してでも、個性を尊重し発揮し合うことで全体利益を目指すのが現実的な時代なのではないかと思います。このようなトレンドの変化は、10年、20年というスパンではなく、おそらくここ数年の流れの中でさらに明確になっていくような気がしてなりません。

4-4　成人年齢引き下げと性別取扱いの変更

　2022年4月1日から**民法改正**で成人年齢が「20歳」から**「18歳」**に引き下げられました。携帯電話、アパート、クレジットカード、ローンの契約などが18歳から自分の判断でできるようになったほか、10年有効のパスポートを取得したり、公認会計士や司法書士などの国家資格の仕事に就くことができます。これら以外では、性別の取扱いの変更審判も18歳から受けることができるようになりました。民法と同時に改正された「性同一性障害者の性別の取扱いの特例に関する法律」の第3条（性別の取扱いの変更の審判）は、以下のように規定されています。

（性別の取扱いの変更の審判）
第三条　家庭裁判所は、性同一性障害者であって次の各号のいずれにも該当するものについて、その者の請求により、性別の取扱いの変更の審判をすることができる。
一　十八歳以上であること。
二　現に婚姻をしていないこと。
三　現に未成年の子がいないこと。
四　生殖腺がないこと又は生殖腺の機能を永続的に欠く状態にあること。
五　その身体について他の性別に係る身体の性器に係る部分に近似する外観を備えていること。
2　前項の請求をするには、同項の性同一性障害者に係る前条の診断の結果並びに治療の経過および結果その他の厚生労働省令で定める事項が記載された医師の診断書を提出しなければならない。
（性同一性障害者の性別の取扱いの特例に関する法律）

　改正されたのは、第1項第1号が「20歳」から「18歳」に変更された点のみですが、これによって文字通り18歳から家庭裁判所に性別の取扱いの変更の審判を行うことができるようになりました。性別違和を感じて医師の診断を受けて戸籍の変更などを希望する人は、幼少の頃から悩みや苦しみを抱えて早い時期からホルモン療法などを受けている例も少なくないことから、成人年齢の引き下げと併せて18歳から変更審判が可能となったことは基本的には一歩前進だといえると思います。
　一方で第4号、第5号の要件が国際的にみてもかなりハードルが高いものであり、全身麻酔をともなって相当期間の入院を前提とするオペを受けることから、身体の状況や就業上の事情、経済的な理由などによって事実上適用することが困難であり、現実的な選択肢となり得ないケースも少なくないといわれています。ただ、今回はあくまで民法改正に並行した年齢要件の改正であり、その他の要件の改正についてはいま少し国民的な議論の成熟が必要なのかもしれ

ません。

　従来、未成年者に特例法による性別の取扱いの変更が認められていなかったのは、心身の成長が未熟なことから第4号、第5号を満たすための相応の手術を受けることを規制していたという側面もあったとは思いますが、主にはその理由ではなく法律上の権利義務や身分関係にかかわる行為は成人を前提とするという全体の法体系の立てつけに由来していたと考えられます。その意味では、この改正によって18歳の段階から適用される第4号、第5号の適否について、あらためてさまざまな角度から議論がされていくのは当然の流れになっていくように思います。

　性別変更にともなう制度や運用についての真剣な議論と並行して、ジェンダーのあり方や向き合い方全般についての議論の成熟が、これからますます必要とされるのではないでしょうか。その先にまさに多様なジェンダーのあり方が社会性をもって迎えられる未来像が共有できたとき、今回の法改正さらにはその後の具体化が本当の意味を帯びるように思います。

4-5 「本人確認」とジェンダー表現の自由

　国政選挙の投票所における手続きについて少し考えてみたいと思います。一票を投じるために投票所に足を運ぶと、まず受付で住民票を置いている住居地に郵送された投票所入場券を渡して、**「本人確認」**を受けた上で、投票用紙が配布され、記載台、投票箱へと進むことになります。この場合の「本人確認」は、本人と選挙人名簿とを正確に照合するため必要な手続きであり、成りすましなどによる不正な投票を防止するため上でも合理性があるといえるでしょう。ただ、**「性別」**を確認項目のひとつとしている点には疑問を持つ人も

少なくありません。

　本人確認は、本人を前にして投票所の職員が行いますが、この場合の確認項目は氏名、住所、生年月日、そして性別です。投票所に来た有権者は基本的に投票所入場券を持参していますから、それと職員が手元に置いている選挙人名簿（リスト）とを照合すれば、同一人物である確認は簡単に済ませることができます。ただ、なぜか「性別」は事実上、職員が目視でチェックすることになります。だから、照合自体は何の問題もなくても、目の前にいる人が男性なのに女性っぽい格好をしていたり、逆に女性なのに男性っぽく見えたときは、何度も「本人確認」を受けることになります。

　実際に筆者（橘）の周りでも投票所の職員からしつこく本人確認を受けて、なかなか投票させてもらえなかったという人もいますし、SNSなどでもそのような例がいくつも紹介されて数々の問題提起がされています。今の時代、選挙の投票に性別記載が必要とは思えないし、投票所の担当者がチェックする意味が分からない。しかもこの場合の判断は主観的な〝見た目〟だという点がさらに恐ろしい。目の前にいるある人が男性に見えるか、女性に見えるかは、それを認識する人の年齢や性別、経歴や価値観などによっても大いに左右される余地があると思います。

　国権の最高機関である国会議員を選ぶ権威ある国政選挙の投票で、憲法ですべての国民に保障された表現の自由が間接的とはいえ制約される可能性があるという矛盾。このことをもっと多くの人が認識して、真剣にこれからのあり方を考えることが必要だと感じます。いうまでもなく国民がどのような格好をして生活するかは、何らかの法律に触れない限りにおいてはまったくの自由であり、さらにはドレスコードに関する価値観には大いに個人差があるだけでなく、身体的特徴も個体差が相当大きいといえます。その意味では、このテーマは、必ずしもセクシュアルマイノリティだけの問題でも

ないのではないでしょうか。

　さまざまなメディアや市民団体などの動きを受けて、自治体によっては本人確認を氏名や住所、生年月日で行い、性別は質問しないよう職員に通知する例が出てきていますが、法律に基づいて実施される国政選挙については、当然のことながら法律やその他の法令自体を時代に合わせて改め、全国的に運用面の見直しをしていく必要があると思います。ちなみに、なぜこのような「性別確認」が行われているかについては、選挙の根拠法である公職選挙法の施行規則に以下のような規定があります。

（投票録、不在者投票に関する調書、開票録および選挙録の様式）
第14条　投票録、不在者投票に関する調書、開票録および選挙録は、それぞれ別記第二十四号様式から第二十七号様式までに準じて調製しなければならない。

　選挙の実施者は、投票録や選挙録を調製しなければなりませんが、その様式は法令で決められており、それぞれ「性別」ごとに集計して投票者数などを記載しなければならないことになっています。ちなみに、投票録は以下の様式です。

投票録

何年何月何日
執　行

何選挙投票所投票録

何投票区

1	投票所開設番所	何市(区)役所(何町村役場)(何の場所)			
2	投票所の変更	年　月　日	場　所	事　由	告示年月日

		氏　　　名	選任年月日	職務時間	参会時刻	職務を代理等した者の氏名等
3	投票管理者			午前何時～午後何時		職務(代理(管))者 氏名 午前何時～何時 事由何々

		承諾式名	選任年月日	立会時間	参会時刻	辞職の時刻及び理由
4	投票立会人			午前何時～午後何時		午前(後)何時何分 事由何々
(1)	市区町村の選挙管理委員会の選任した者					
(2)	投票管理者の選任した者		(参会時刻)			
			(参会時刻)			

5	投票所開閉時刻	午前何時開始　午後何時閉鎖		
6	投票録、投票録及び選挙人名簿を開票管理者に送付すべき投票立会人	党派　　氏名		

7	投票の状況	選挙人名簿登録者	選挙当日有権者	受票者	投票所における投票者		不在者投票者		
					総数	仮投票による投票者	総数	不受理の決定を受けた者の数	拒否の決定を受けた者の数
		(男)							
		(女)							
		(計)							
(1)	投票用紙再交付者	(氏名)		(再交付の事由)					
(2)	決定書又は判決書により投票をした者	(氏名)							
(3)	不在者投票の用紙及び封筒を返還して投票した者	(氏名)							
(4)	点字により投票をした者								人

(5)	代理投票	選挙人		補　助　者	
		(氏　　名)		(氏　　名)	(氏　　名)
		代理投票者数			人

(6)	投票所閉鎖の時刻までに投票管理者の受けた公職選挙法第49条の投票	投票総数	票	内	受理と決定したもの		票
					不受理と決定したもの		票
		不受理又は拒否の決定を受けた者		不受理又は拒否の決定を受けた者 (氏名)			
		代理投票の拒否の決定を受けた者		(氏名)			

(7)	投票拒否の決定をした者		選挙人の氏名	拒否の事由	仮投票の有無
		法第50条の投票の拒否			
		法第48条の代理投票の拒否			

8	投票所事務従事者	総数	何人	内	1　市区町村選挙管理委員会書記	何人
					2　市区町村の職員	何人
					3　その他の者	何人

何年何月何日調製

投票管理者(職)　　氏　名

我々は、この投票録の記載が真正であることを確認して、署名する。

投票立会人　　　氏　名
投票立会人　　　氏　名

備考
1　この様式は、投票所における投票録の様式である。
2　指定投票区若しくは指定関係投票区等である場合又は公職選挙法施行規則第1条の2第3項の規定により市区町村の選挙管理委員会が指定する投票区となった場合には、その旨を「何投票区」に続いて記載すること。
3　選挙人の氏名の欄の記載では、住所等を記載する場合において、住所等を記載して確認することができるようにすること。
4　「選挙当日有権者」には、期日前投票を行った者のうち選挙の期日までの間に選挙権を有しなくなったものも含まれるものであること。
5　投票所における投票者の総数と不在者投票者の総数の計を「投票者」欄に記載すること。
6　「職務時間」欄には、投票管理者を交替することとしている場合において選任の系統ごとに行うこととされた時間又は投票管理者に事故があり、若しくは投票管理者が欠けた場合にその投票管理者が実際に職務を行った時間を記載すること。
7　投票管理者に事故があり、若しくは投票管理者が欠けた場合において職務代理者が職務を行ったとき又は投票管理者及び職務代理者に共に事故があり、若しくはこれらの者が共に欠けた場合において職務管理者が職務を行ったときは、職務を代理等した者の氏名、欄にこれらの者の氏名、職務時間及び代理等を行った事由を記入すること。
8　「立会時間」欄には、投票立会人を交替することとしている場合において選任の系統に立ち会うこととされた時間又は投票立会人に事故があり、若しくは投票立会人が欠けた場合には、当該の事由と立ち会った時間を記載すること。
9　投票管理者又は投票立会人を交替には、その旨の事由を記入し立ち会った時間を記載すること。
10　署名をする投票管理者及び投票立会人は、投票所の閉鎖の際において選任されている投票管理者及び投票立会人とする。
11　指定関係投票区等である場合には「7の様式の「不在者投票者」欄及び7列の欄が該当しなくなるため、繰延投票が行われた投票区に属する選挙人は法第49条の規定による投票の決定を受けた者は公職選挙法施行規則第5条の2第3項の指定により市区町村の選挙管理委員会が指定する投票区となった場合、この限りでない。
12　法第55条ただし書に規定するにあっては、　6「投票、投票録及び選挙人名簿を開票管理者に送付すべき投票立会人」欄には、投票録及び投票録を開票管理者に送付すべき投票立会人を記載すること。
13　この様式に掲げる事項のほか、投票管理者において、投票に関し必要と認める事項があるときは、これを記載すること。この場合において、補用紙を使用することができる。

このためにわざわざ投票所の職員が「本人確認」という名の性別の確認を行うことになるわけですが、このようなルール（公選法施行規則）は旧態依然たる時代の慣例を引きずっているものだといわざるを得ません。国民の表現の自由に影響を与え、マイノリティの保護にもとり、さらには職員の事務負担も過大なものとなる時代錯誤的な様式やルールは改められるべきです。国が推奨する履歴書の性別記載欄すら改められる時代であることを十分に踏まえて、誰もが気兼ねなく国民としての権利を行使できる運用が行われるのが望ましいといえるのではないでしょうか。

4-6　ドレスコードとジェンダー

　コロナ禍でニューノーマルな働き方が求められるようになってきたこともあり、職場のドレスコードもかなり自由化が進んでいると思います。テレワークが当たり前の時代になっていくと、Zoomで会議のときだけそれなりの服装をしていれば、極端にいえばあとは部屋着でも大丈夫というケースも少なくないと思います。

　一方で、あくまでスーツ着用が義務づけられているという職場も少なくありません。もちろん、仕事の内容や地域、社風などにも左右されるとは思いますが、若手を中心に「男性はスーツ、女性はメイクにパンプス」といった従来の常識に染まらない人たちも増えてきており、これからは**"職場のドレスコード"**がひとつの論点になっていくかもしれません。

　ここでは職場や仕事中の身だしなみについて争いになった裁判例について、少し確認してみたいと思います。

① **神奈川中央交通事件**（横浜地方裁判所、平成8年7月16日）

　バスの運転手が帽子をかぶらないで仕事をするのは問題であり、会社は従業員を処分することができるとした裁判例です。

> 　旅客の立場に立ってみると、旅客が乗合バスに乗車するということは、運転手に自分の生命を預けるに等しい行為であるから、全面的な信頼を措くことができる運転手かどうかは当該旅客の重要な関心事である。旅客にとって、運転手に見られる服装の乱れから規律の乱れを連想させることもあり、規律の乱れは運行の安全に対する不安感を生じさせるものである。制帽を例にとると、同一事業者の乗合バスでありながら、きちんと着帽している運転手がいる一方で、脱帽している運転手がいるというのは不自然であり、旅客としては着帽している運転手に安心感を抱くであろう。また、着帽の仕方も問題であって、かぶり方如何では、旅客に不快感や不安感を与えることもあろう。そのような意味において、本件行為のうち、制帽の不着用という規律違反は、乗合バスの運転士という職責を考慮すると、決して軽いものではない。

　バスの運転手が一人だけ帽子をかぶっていなかったり、違う帽子をかぶっていたら、「この人はほんとに運転手さんかな？」と疑ってしまうかもしれません。法律や運輸規則などによっても制服や制帽の着用が求められている以上、それに反する自由までは保障されないといえるのでしょう。

② 東谷山家事件（福岡地方裁判所小倉支部、平成9年12月25日）

　トラックの運転手が髪を黄色に染めて仕事したことに対する会社の処分は行き過ぎであり、無効だとした裁判例です。

> 　一般に、企業は、企業内秩序を維持・確保するため、労働者の動静を把握する必要に迫られる場合のあることは当然であり、このような場合、企業としては労働者に必要な規制、指示、命令等を行うことが許されるというべきである。しかしながら、このようにいうことは、労働者が企業の一般的支配に服することを意味するものではなく、企業に与えられた秩序維持の権限は、自ずとその本質に伴う限界があるといわなければならない。特に、労働者の髪の色・型、容姿、服装などといった人の人格や自由に関する事柄について、企業が企業秩序の維持を名目に労働者の自由を制限しようとする場合、その制限行為は無制限に許されるものではなく、企業の円滑な運営上必要かつ合理的な範囲内にとどまるものというべく、具体的な制限行為の内容は、制限の必要性、合理性、手段方法としての相当性を欠くことのないよう特段の配慮が要請されるものと解するのが相当である。
>
> 　債権者が頭髪を黄色に染めたこと自体が債務者会社の就業規則上直ちにけん責事由に該当するわけではなく（債務者もこのような主張をしているとは解されない。）、上司の説得に対する債権者の反抗的態度も、すでにみたように、会社側の「自然色以外は一切許されない」とする頑なな態度を考慮に入れると、必ずしも債権者のみに責められる点があったということはできず、債権者が始末書の提出を拒否した点も、それが「社内秩序を乱した」行為に該当すると即断することは適当でない。

　会社が従業員の服装などを規制する場合は、それ相応の理由が必要となります。トラック運転手が髪色を染めたとしても、そのことによって課せられた仕事そのものに支障が出るわけではない以上、「黒髪しかダメ」というルールは行き過ぎだといえるでしょう。

③ 大阪市営地下鉄事件（大阪高等裁判所、令和元年9月6日）

地下鉄運転士のひげについて一定のルールを設けるのは合理的だが、ひげを生やしているからといって人事評価を下げるのは行き過ぎとした裁判例です。

> 少なくとも現時点において、ひげを生やす自由が、個人の人格的生存に不可欠なものとして、憲法上の権利として保障されていると認めるに足りる事情は見当たらない。そうであるからといって、労働者のひげに関してどのような服務中の規律も設けることができるわけではない。また、仮に、ひげを生やす自由が、憲法13条に基づく自己決定権の一部として保障されているとみ得るとしても、労働の場においては、そのような自由がいかなる場合にも完全に認められるというわけでもない。
>
> ひげが社会において広く肯定的に受け容れられているとまではいえない我が国の現状に照らせば、原判決も判示するとおり「整えられた髭も不可」として、ひげが剃られた状態を合理的な身だしなみとする服務上の基準を設けることには、一応の必要性・合理性が認められる。ひげに対する許容度は、交通局の事業遂行上の必要性とは無関係ではなく、一方、本件身だしなみ基準は、ひげを一律全面的に禁止するものと解することはできない。
>
> 単にひげを生やしていることをもって人事評価における減点要素とすれば、そのような人事考課は、本件身だしなみ基準の趣旨目的（交通局の乗客サービスの理念を示し、職員の任意の協力を求める）を逸脱したものである。
>
> 当裁判所も、本件各考課は、被控訴人らがひげを生やしていることを主たる減点評価の事情として考慮したものであること、したがって、上記評価が人事考課における使用者としての裁量権を逸脱・濫用したものであって国賠法上違法であるものと判断する。

ひげを生やす自由が法律的に保障されているわけではありませんが、仕事中は絶対に生やしてはいけないというわけでもありません。ひげを剃ることを求める身だしなみは、社会的な常識です。しかし、ひげを生やしている理由のみで人事評価を下げるのは、行き過ぎだ

といえるでしょう。

　これらの裁判例はいずれも男性の服装（制服や頭髪、ひげ）について問われた例ですが、これからはもっと多様な論点が出てくる可能性があるでしょう。女性のパンプス着用やメイクはもとより、男性のスーツ着用、あるいは男性とか女性といったジェンダーを超えた疑問が提起されるかもしれません。

　裁判はあくまでその事例についての判断ですから、出来事が異なれば当然に評価も異なることになりますが、法律や事実の解釈のリーディングケースとしては、やはり参考になると考えられます。今までの例をみるかぎりで、判断の要素とされているのは、次のような点だといえるでしょう。

●法律や制度による規制があるのか？
●社会全体での"常識"はどうなのか？
●その会社のルールはどうなのか？
●仕事そのものに必要なルールなのか？
●ルールに違反したときの処分の度合いは？
●本人の勤務態度、会社との信頼関係は？

　今の時代、他人に迷惑をかけなければどんな格好をしても自由という発想もありますが、実際には職場や仕事上のルールは厳然として存在します。ニューノーマルな時代の中で、自由化と規律とのバランスが問われる世の中だからこそ、過去の事例から考え方やバランス感覚を学んでおきたいですね。

なぜ男は女の格好をしてはいけないのでしょうか？　おしゃれな女性はうまく男性物を取り入れてコーディネートを考えたりします。メンズ物のニットやジーンズはもとより、ワイシャツやネクタイを身に付けたところで、それはそれで人によってはおしゃれで通用します。

ところが男性はどうでしょうか？　おしゃれな男性はうまくレディース物を着こなしたりしますが、せいぜいニットとかTシャツとかジーンズどまりです。もっとフェミニンに女性っぽい要素を取り入れようとスカートやワンピースを着てもおかしくないかもしれませんが、一部の職業やセンスの持ち主たちを除いては、それは社会的に許容される範囲ではないとされています。

4-7-1　女装を禁止する法律はない

たまに誤解している人がいますが、男性の女装は法律で禁止されているわけではありません。表現の自由は基本的な権利として憲法ですべての国民に保障されている以上は、だれがどんな格好をして街を歩こうが基本的には自由です。

表現の自由は憲法で保障されています（憲法21条「集会、結社および言論、出版その他一切の表現の自由は、これを保障する」）。学説では、服装も表現の一種であり、それを制限することは表現の自由の侵害に当たると解釈されます。したがって、公衆衛生の観点から問題となるような例を除いては、誰がどのような服装をするかはまったく自由だといえます。

服装に関する規制を男女で機械的・形式的に分けることは、**平等**

権（憲法14条「すべて国民は、法の下に平等であって、人種、信条、性別、社会的身分又は門地により、政治的、経済的又は社会的関係において、差別されない」）の侵害と解釈することもできます。現実問題として、昨今では野球部に入部したからといって丸刈りを強制することの違法性が共有される世の中になりつつあります。同じ学業、あるいは同じ業務を行うことが課せられているのに、性別のみを理由として髪型を制限することには合理性はなく、その強制の度合いや不利益の程度によっては、平等権の侵害や財産権の侵害となり得ると考えられるでしょう。

　法律論としては、男性の女装は女性の男装と何ら意味するところが変わりません。女性がメンズ物のスーツに身を包んでダンディーに振る舞おうが、男性がワンピースを着て清楚なおしゃれを楽しもうが、公序良俗に反したり、軽犯罪法に触れるようなケースでない限りは、何の問題もありません。

4-7-2 女装がタブーとされたのは明治以降

　日本では伝統的に女装はタブーとされてきたと考える人もいますが、それも正しくありません。

　事実、平安時代や江戸時代には、半ば公然と女装する人たちが存在しており、平和な時代の象徴として身分の高い男性たちは華美な衣装を謳歌しており、少なくとも社会的な非難の対象とはされることはありませんでした。

　逆に戦国時代や明治時代以降のように、戦乱につぐ戦乱の時代には、女装は社会的なタブーとして認識されるようになります。戦国時代には討ち取った敵方の大将の首級に化粧を施すことで、勝者が敗者を威圧したり軽蔑する意思を表現しました。

明治時代には軍国主義の潮流の中で男性と女性の社会的な役割分担が明確にされる中でいわゆる**「異性装禁止令」**が発布され、女装自体が反社会的な行為だと認知されるようになります。明治以降の男女の役割分担の意識が現在にも色濃く残っており、それが女装をタブー視する価値観として私たちの意識の根底に置かれていると考えられます。

　日本の歴史の流れをみるとき、明治以降の髪型に対する規制の経緯を振り返ると、日本における男女別の服装をめぐる歴史観がリアルに理解できるように思います。江戸時代までは、男性も長髪を基本としながら髷を結う文化がつづいており、男女別の服飾文化以上に身分や職業による違いが明確に認識され、男性といえども極端な短髪は世俗を離れて出家した僧侶を想起されるのが一般的でした。

　それが変容したのは、明治維新を迎えて日本が近代国家の仕組みを導入してからだと考えられます。明治４年に**「散髪脱刀令」**が発布され、男性の散髪（髷を落として短髪にする）が義務づけられました。脱刀（刀剣を帯びることの禁止）とセットで実施されたことが、旧来の身分秩序を解消して、国民の身分の一律化を狙いとしていたことを示していると考えられます。翌明治５年には、女性に対して**「女子断髪禁止令」**が発布されます。男性に対して散髪を求めたのに対して、逆に女性には断髪の禁止が義務づけられました。男性と女性とを"身分化"する流れの中で、見た目の上でも明確に分ける必要があったのだと考えられます。

　そして、明治６年から昭和20年までの72年間に渡って、日本では徴兵制が敷かれました。男性は満20歳になると徴兵検査を受けることになり、そこでは軍隊での規律に従って丸坊主にすることが求められました。このような国家による徴兵政策によって、男性の髪型が強制的に管理下に置かれることになり、さらに女性は家庭にあって軍隊である男性を支えるべきだという規範を強制づけられる

ことになりました。

　今でも昭和のある年代よりも前に生まれた世代の人は、男性の長髪に対して言葉にならない不快感を示されることがありますが、そのバックボーンにはこのような歴史の経緯があるように思います。

🌱 豆知識 **女性がズボンを履けなかった時代**

　パリと言えば同性婚が許されるなど、ジェンダーに関して先進的なイメージがありませんか？　そんなパリでは、2013年までパリジェンヌにズボン着用が許されていませんでした。もともと、キリスト教を信仰する地域では、異性装は好ましくない逸脱行為と見なされており、1800年にフランスで出された警察令において、パリで暮らす女性たちは、健康上の理由以外での自身の性別ではない服装を着用することが禁じられました。とりわけズボンは、中世以降のヨーロッパ社会において、男性自身や男性にまつわる権威（家長の権利）を象徴してきた歴史が連綿と存在しており、男性性に帰属し、女性の異性装を形成する代表的な衣類でした。

4-7-3 女装（異性装）してはいけない理由はない

　結論からいえば、女装（異性装）してはいけない理由はまったく見当たりません。法律的にも、制度的にも、歴史的にも、文化的にも、現在においてこれを禁じる規範は存在しないからです。

　ましてや令和の時代は、男は男らしく、女は女らしくという古典的な価値観のみに支配される時代ではありません。動機が健全であって、周囲に不快感を与えないどころか、美しく可愛らしく振る舞

うことができるのであれば、TPOを弁えた女装はむしろ社会的にも受入れられる土壌ができつつあると思います。実際に生身の女性に匹敵するくらいの美を兼ね備えたクオリティーの高い女装男子が、今の時代には全国にたくさん存在します。

　これらを旧来の価値観のみに支配されて社会的な規範を逸脱する存在だと決めつけるのは、もはやそれ自体がアナクロニズムだと言わざるを得ないでしょう。前向きな美意識と自己表現としての価値を持つ女装、そして男女平等、女性活躍推進の時代だからこその時流にかなった女装。令和の時代には、こうした潮流がより鮮明に本格化していくように思います。

 豆知識　　"薬指の長さ" と男性性、女性性

　手のひらを出して、指の長さを見てみてください。
　あなたは、人差し指と薬指、どちらの方が長いですか？
　一般的に、男性は薬指が長く、女性は人差し指が長いといいます。
　ふだんあまり意識していませんが、友達などの手のひらを見せてもらうと、たしかに男性は人差し指よりも薬指の方が長く、逆に女性は人差し指の方が長い気がします。
　筆者は占いなどにも興味があるので、たまにタロットや手相占いを受けたりしますが、興味本位で素人なりに友達の手のひらを見せてもらったことがあります。
　そうすると分かることですが、男性で薬指より人差し指の方が長い人や、逆に女性で薬指の方が長い人がいます。
　しかも、偶然ではなく一定の比率でそうした人がいることが分かってきます。
　指の長さは、母親の胎内にいるときに浴びた性ホルモンの影響を受けるといわれています。
　男性ホルモンのテストステロンの量が多く、女性ホルモンのエストロゲンの量が少ないと、人差し指よりも薬指が長くなり、

逆にエストロゲンの量が多く、テストステロンの量が少ないと、人差し指が長くなるという説が有力です［人差し指と薬指の長さの比については、fourth digit ratio（2D:4Dratio）として様々な臨床研究でも取り上げられており、性的指向や病気の傾向とも関係すると言われています］[21,22,23]

でも、指の長さは必ずしも現状の男性ホルモンや女性ホルモンの状態を示すものではなく、胎児のときの状態を反映しているといわれます。

胎内にいるときに男性ホルモンを受けて男性になる「予定の子」はしだいに薬指が長くなり、女性になる「予定の子」は人差し指が長くなります。

しかし、胎児のときに母親が大きなストレスなどを受けたりすると、場合によっては男性になる「予定の子」が性別が変わって女性として生まれることもあり、その場合は薬指が長いまま誕生することになります。

したがって、男性でも多くの女性と同じように人差し指の方が長い人もいるし、女性でも多くの男性と同じように薬指の方が長い人もいます。

このような指の長さは、男性性や女性性といった性格や気質にも影響を与えているといわれます。

男性でも女性的な人もいれば、女性でも男性的な人もいますが、そんなバロメーターの一つのといえるのかもしれません。

「男らしさ・女らしさはグラデーション」[注]といいますが、そもそもジェンダーはＸかＹかという"選択"というよりは、男性性と女性性の"比率"に近い概念です。

そんな観点から手のひらの指を眺めていくと、何かが見えてくるかもしれませんね。

注）第2章-2で記したように、身体の性に関わる部位に悩み、女性・男性としての尊厳を損なわれている多くのDSDsを持つ人々にとっては、グラデーションの中間に位置づけられることは望ましいことではありません。グラデーションモデルは、男らしさ・女らしさの多様性を表現するのには分かりやすいですが、使い方には注意が必要です。

第5章

キャリアコンサルタント視点の ジェンダー論

　さて、ここまで、男と女をめぐるさまざまな相違点・類似点・両者の曖昧さについて論じてきました。ジェンダー規範による押し付けやアンコンシャスバイアス（無意識のバイアス）が男女ともに「生きづらさ」につながりかねないことをみてきました。第5章では、ジェンダーについてキャリアコンサルタントの視点から考えます。**自分の働き方・生き方を含めた「自分らしいキャリア」を考えるうえで「ジェンダー」という視点は非常に重要なファクターです。** 現代社会の中で人々が自分らしくいきいきと生きること・働くことを実現するためにもジェンダーの課題をキャリアの課題と結び付け、議論を深めていきたいと思います。議論を始める前に、キャリアとは何か、そしてキャリアコンサルタントとはどのような資格なのか、少し紹介しましょう。

　キャリア（Carrer）という単語は中世ラテン語の「車道」を起源とし、馬車の轍（わだち）を意味します。人がたどる行路やその人の経歴・遍歴などをも意味するようになり、この言葉が職業の経歴を表すキャリアとして使われるようになりました。職務経験を通じて職業能力を蓄積していく過程を「キャリア形成」と表現したりします。また、人の一生の経歴と結び付けて考える時、先頭にライフを付けて「人生キャリア（Life Carrer）」と言ったりします。厚生

労働省によれば、『「キャリア」とは、一般に「経歴」「経験」「発展」さらには「関連した職務の連鎖」等』と表現され、キャリアは時間的に持続性・継続性をもった概念としてとらえられます。

　人は他者や社会とのかかわりの中で、職業人、家庭人、地域社会の一構成員等、さまざまな役割を担いながら生きています。人々が生涯の中でさまざまな役割を果たす過程で自らの役割の価値や自分と役割との関係性を見い出していく連なりや積み重ねが「キャリア」の意味するところですので、キャリアは職業に限定せず、もっと広く人の生涯にかかわることだといっても良いのではないでしょうか。

5-1　キャリアコンサルタントとは？

　キャリアコンサルタントは、平成28年（2016年）4月より、職業選択や能力開発に関する相談・助言を行う専門家として職業能力開発促進法に規定された名称独占資格です。資格者として登録されていない者は「キャリアコンサルタント」を名乗ることができません（違反した者は30万円以下の罰金）。登録制（5年毎更新）で、守秘義務・信用失墜行為の禁止義務が課されています。定義は『労働者の職業の選択、職業生活設計又は職業能力の開発および向上に関する相談に応じ、助言および指導を行うこと』とされていますが、もっと平たく言うと「相談者が望む仕事に就けるよう、実務的・心理的にサポートする人」の事です。主に、学生や求職者、在職者を対象に職業選択や能力開発などの相談に乗る業務を行いますが、人生相談のような、もっと幅広い範囲も「キャリア」であると私たちは考えています。

ジェンダーとキャリア：ワークライフバランス憲章

　自分の働き方・生き方を含めた「自分らしいキャリア」を考える
うえで「ジェンダー」という視点は非常に重要なファクターである
と前述しました。第4章までに見てきたように、人々の選択には「ジ
ェンダー」の視点が必要不可欠にかかわっています。本書で取り扱
うキャリアには、「職業」だけでなく「人生」をテーマに含んでいま
す。あなたはどんな生き方・働き方をしたいとお考えでしょうか。

　内閣府 男女共同参画局 仕事と生活の調和推進室による「ワーク
ライフバランス憲章」[9]（平成22年6月29日）に書かれたジェンダ
ーにかかわる文言を見てみましょう。ここには以下のような指摘が
書かれています。

（共働き世帯の増加と変わらない働き方・役割分担意識）

　さらに、人々の生き方も変化している。かつては夫が働き、妻が専
業主婦として家庭や地域で役割を担うという姿が一般的であり、現在
の働き方は、このような世帯の姿を前提としたものが多く残っている。
　しかしながら、今日では、女性の社会参加等が進み、勤労者世帯の
過半数が、共働き世帯になる等人々の生き方が多様化している一方で
働き方や子育て支援などの社会的基盤は必ずしもこうした変化に対応
したものとなっていない。また、職場や家庭、地域では、男女の固定
的な役割分担意識が残っている。

　また、同憲章の中には、以下のような一文もあります。

（共働き世帯の増加と変わらない働き方・役割分担意識）

　仕事と生活の調和に向けた取組を通じて、「ディーセント・ワーク
（働きがいのある人間らしい仕事）」の実現に取り組み、職業能力開発
や人材育成、公正な処遇の確保など雇用の質の向上につなげることが
求められている。ディーセント・ワークの推進は、就業を促進し、自
立支援につなげるという観点からも必要である。

こうした課題を解決するために、さまざまな施策がとられてきました。

　1985年に制定された男女雇用機会均等法では、就業における男女の雇用機会を確保するための施策がとられましたが、この形では、「24時間働けるいつでも転勤可能な」男性の働き方に合わせる女性だけが「均等」に扱われるという結果となり、出産育児をしながらの長時間労働や転勤は難しく、会社を辞めてしまう女性たちが多く、なかなか女性活躍にはつながりませんでした。続いて、**1995年に育児介護休業法、2010年に短時間勤務制度**が制定され、ようやく育児や介護を担う女性たちが正社員として企業で働きやすくなりました。**2016年に女性活躍推進法**により、残業が当たり前の世界で家庭での維持育児を担う女性が活躍するのは難しい現状、昇進しても女性に無理が強いられる現状へのメスが入ってきます。**2022年からの育休法改正で男性育休（生後8週間のうちの4週間まで）が制定**されたことで、初めて女性側への対策だけでなく、男性側への介入が必要であるという視点が加わります。

女性のライフキャリアの課題を解決するためには、男性側の仕事へのスタイル・考え方をも変える必要がありそうです

　女性のライフキャリアの課題には、資質や実績があっても昇進できない組織内の壁「ガラスの天井」と、最低賃金から抜け出せない「張り付く床」のふたつがあると言われます。これら女性の課題とされるものは、ジェンダーギャップが開いている社会構造の問題でもあり、男性側の生きづらさ、さらに言えば、男性・女性を問わず、ジェンダー規範からの解放も必要になってくるでしょう。「家事・子育ては女

性が行うこと」、「男性が一家の大黒柱で稼ぐもの」といった意識や実態が、何の疑いもなく男女双方の足かせになっているとすれば、この足かせを外すことで一定数の人々は、より自分らしくいられ、その能力を発揮する機会を得ることができるかもしれません。

　最近では、ワークライフインテグレーションという考え方が登場しています。ワークライフバランスと異なり、仕事とプライベートは一連の統合されたものだととらえ、個人の生活を充実させる取り組みです。個々人が自分に合った働き方をすることで、ダイバーシティの実現や従業員のスキルアップなど、企業にとってもメリットがあります。男女のパートナーシップの新しい在り方や先進的な企業の取り組み、多様な働き方などのテーマを巡って、私たちキャリアコンサルタントは制度設計や個々人の価値観の再発見と再構築に、一緒になって取り組みます。

5-3　キャリアにおける自己効力感と自己理解

　キャリア（人生）形成にあたって、人々がジェンダーを意識するのはどのような時でしょうか？　おそらく、小中学校への入学時、就職活動をした時、結婚を意識したときなど、人生の節目にジェンダーを意識する出来事があることでしょう。なかでも、就職活動の時、男女別のリクルートスーツや履歴書・エントリーシートの性別欄が障壁になり、どこに相談してよいかわからないといったLGBTの人々の声は切実です。また、ジェンダーの壁はLGBTQの人々に限ったことではありません。職業選択において、私たちが思っている以上にジェンダーバイアスの存在は大きいことが知られます。例えば、STEM（Science, Technology, Engineering and Mathematics）領域への壁の存在です。「男子は理系」といったステレオタイプな考

え方もあり、昔からSTEM領域には男性の占有率が高くなっています。逆も真なり、最近でこそ男性の保育士も見かけますが、保育士などは女性の仕事というイメージがあるため、男性が参入しにくいといったことも挙げられます。

　キャリアコンサルタントがクライエント（相談者）と向き合う時に意識することのひとつに、クライエントの**「自己理解」**がどのようなものであるか、という事があります。自己理解とは、「ブレない自分を実現する自分軸を形成する作業」ということができます。自己理解という言葉には広い意味があり、「自分が有しているさまざまな知識や能力」「強みや弱み（長所と短所）」「性格や特徴」「好き・嫌い」「自分の大切にしている価値観」「自分が信じること（信念）」「自分に合った活動、成長のペース、働き方」等、本人が自らの在り方を自分自身で把握し、「自分づくりの起点」を作るために重要なものです。

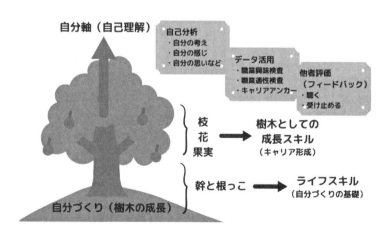

　自己理解に似た言葉として、**自己効力感**という言葉が使われることがあります。自己効力感という言葉は、目標を達成するための能力を自らが持っていると認識することを指します。簡単にいえば、

「自分ならできる」「きっとうまくいく」と思える認知状態のことです。スタンフォード大学教授で心理学者のアルバート・バンデューラ博士によって提唱された概念であり、英語では「Self-efficacy」と表現されます。『自分とはどんな人間？』『自分の人生の目的ってなに？』『自分が本当にやりたいことは？』というように、多くの人が自分のことについて深く考えるタイミングにおいて、セルフイメージは大きく影響します。

自己効力感

① 直接的達成経験
Enactive Mastery Experience

② 代理的経験
Vicarious Experience

③ 言語的説得
Vartical Experience

④ 生理的・情動的喚起
Physiological and Affective States

自己効力感向上のアプローチ方法

① ・ 小さな成功体験の積み重ね
・ 成功した際になぜ成功したかを考える（再現性を高める）

② ・ 自分がやって見せる
・ 出来ている人の実例を共有
・ 「こうすればできる」を実感する

③ ・ 他者からの「あなたならできる」という声掛け
・ 出来る理由も添えるとGOOD

④ ・ 職場環境を適切に整える
・ ストレスや体調不良が内容にサポートする

　ここに、ひとつの調査結果[10]を紹介します。大学生が職業に持つイメージについて、VPI職業興味検査（労働政策研究・研修機構, 2002）のMf尺度から男性職（航空機操縦士、工場長など）と女性職（幼稚園教員、美容師など）を各７つ用いて、それぞれの職業に対してもつジェンダー・ステレオタイプ（男らしい―女らしい）を測定しました。男女とも男性職には男らしいイメージ、女性職には女らしいイメージを持っており、それぞれの職業に対する自己効力は、女子学生は７つの男性職すべてにおいて男子よりも低く、男子学生は７つの女性職のうち２つで女子よりも低いことが分かりまし

た。さらに、男女とも職業について異性のイメージをもつことが自己効力にマイナスの影響を及ぼしていました。つまり、異性の職種だと意識すると、その職業に対する自己効力（自分はできる）という思いが、作られにくく、特にその傾向は女性で顕著でした。この結果は、職業における男女占有率の偏りがステレオタイプなイメージを形成し、そのイメージが心理社会的要因として職業選択をさらにステレオタイプなものに固定させてしまっている可能性を意味します。

　このように自己効力の持てない職業領域には行動意欲がわきにくく、性別による分離の固定化へとつながる悪循環が生まれていると思われます。

　意思決定やマッチングなどのキャリア支援にあたって、私たちは「性別による分離」があることを自覚し、個人を対象とした支援に加え、社会や環境・構造上の欠陥の改善に向けて直接的に働きかけていくことも求められるでしょう。個人が性別によるタイピングに縛られないキャリア形成を望んだとしても、雇用側や社会の受け入れ態勢がなければ、働き手はそれに沿った選択を余儀なくされることでしょう。したがって、組織に対する働きかけも大切です。

　個人が自己理解を深める上で、ジェンダーの自己認識は非常に大きなものであり、自己効力感は社会の視線により影響を受け、それが自己理解の妨げにすらなり得ます。キャリア支援の担当者は、組織や集団に参入する人々へ向けたメッセージ（広報や人材募集、仕事説明等）において、特定の集団のチャレンジを阻害していないかに留意し、人材募集ではどのような層を遠ざけ、引き寄せているかを注意深く検討する必要があります。

　ジェンダーの問題は、自己理解（自分軸を作る）の上でも、根っこにつながる大きな課題であるにもかかわらず、当たり前にそこにあるものとして扱われるため、日頃、深く考えることが少ないテー

マでもあります。次に、仕事の選択から視野を広げてライフキャリアについて考えてみたいと思います。

 豆知識

VPI職業興味検査

　160個の職業名に対する興味の有無を回答するテストです。パーソナリティをR：現実的、I研究的、A：芸術的、S：社会的、E：企業的、C：習慣的の6つのタイプに分け、上位3つを選択したアルファベットのことをスリーレターコードと言います。自分の性格コードと環境のコードの組み合わせが合致している職業に就くと高い職業満足を得られるとされます。

5-4 ジェンダーとライフキャリア

　人生百年時代と言われる今、キャリアコンサルティングの現場では就職だけがキャリア相談の対象になるわけではありません。人は生涯において職業だけでなくさまざまな役割から影響を受けます。このことを捉えて、キャリア理論の大御所スーパーは、『ライフキャリアレインボー』という概念を提唱しました。彼は、役割（＝ライフ〇〇〇〇）と、時間の流れ（年齢）の2つの軸を取ることで人生を説明し、役割が充実するほど人生が豊かになると考えています。「人は生涯において9つの大きな役割を演ずる、この役割を演ずる舞台は、家庭、地域、学校、生活で1つのこともあるし、複数のこともある。役割を演ずる中で人は他人から見られる自分の役割を再構成していくのである」としています（図参照：虹（レインボーに例えて図式化しました）。

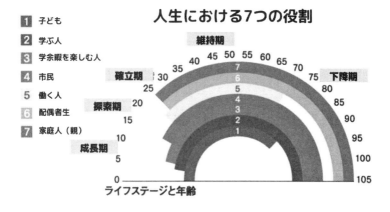

人生における7つの役割

1 子ども
2 学ぶ人
3 学余暇を楽しむ人
4 市民
5 働く人
6 配偶者生
7 家庭人（親）

維持期
確立期
下降期
探索期
成長期

40 45 50 55 60 65 70 75 80 85 90 95 100 105
35
30
25
20
15
10
5
0

ライフステージと年齢

　このようなライフステージを見据えた将来像を考えるにあたって
も、ジェンダーの違いは見られます[11]。男女948名の大学3年次の
学生に将来のライフコースの調査を行ったところ、男子学生の9割
以上はライフイベントにかかわりなく仕事を続けると回答したのに
対し、女子学生は仕事を続けると回答したのは4割、子育てによる
一時中断・復職を選んだのが4割、1割強は子育てによる中断型を選
択していました。一方、配偶者に対するライフコースの質問では、
女性の9割以上が配偶者に仕事の継続を希望し、男性では継続型を
配偶者に希望したのは4割でした。つまり、男女とも男性は仕事を
続け、女性は子育てを担うというイメージが共有されている現実を
表していると言えます。ここで見られたジェンダーの構図は、配偶
者やその家族は自分にどのような役割を期待しているかと深くかか
わりを持ち、個人の考え方に加え、家族や地域、職場を貫いて社会
の中で制度化・構造化されているジェンダー規範とも深くかかわる
と言えます。このような調査結果は、日本がジェンダーギャップ指
数で低位置に甘んじていることにもつながっているのでしょう。た
だし、ここで注目したい別の見方も紹介しておきたいと思います。

　ジェンダーギャップ格差がマスコミで大きく問題視して取り上げられる一方、「幸福度」を国別・男女別にみたときに、先進国や発展途上国を含むほとんどの国は女性のほうが男性より低いのに対し、日本は逆に男性のほうが女性よりも幸福度が低いという結果があります[12]。幸福度が女性優位であるという結果は、過去一貫しており、幸福度とジェンダーギャップは必ずしも相関しないことが示されています。なぜ、日本ではジェンダーギャップが大きい割に、幸福度においては女性の方が高いのでしょうか？[13]

　明快な回答はありませんが、逆説的にジェンダーギャップの男性に対する大きな負荷が男性の幸福度を低下させ、その結果が相対的に女性の幸福度が男性よりも高いことにつながっていると言えないでしょうか。日本では、依然として「男は一家の大黒柱」あるいは「男はか弱い女性を守らなければならない」といったような古い道徳観に縛られている人々も多く、男性への期待感が潜在的に大きいだけに、期待値に対して応えられているかどうか微妙で幸福度を感じにくくなっている可能性があります。

　また、スーパーの言葉にも幸福度を上げるためのヒントが隠されているように思います。『役割が充実するほど人生が豊かになる』と考えた時、わが国において、女性は家庭では妻として、母として、社会とのつながりの役割と、さまざまな役割を演じるのに対し、男性は仕事一辺倒というスタイルの人々もまだ多いのではないでしょうか。女性の方が圧倒的に担う役割が多く、それがしんどいことである一方、人生の豊かさにつながっているという可能性にも着目したいところです。今でこそ、男性の育休が推進されるようになり、男性の仕事以外での役割が与えられる（実現できる）ようになって

きましたが、男性にかけられる足かせは、**「忘れられた半分(forgotten half)」** なのです。「忘れられた半分」とは、米国の高学歴でホワイトカラーを主流とした働きかけで救えない労働階級や貧困層を呼ぶときに使われる言葉です[14]。ジェンダーギャップが議論されるとき、女性の生き方についての議論はずいぶんと深まってきました（まだまだですが…）。一方、男性の生き方については、今もなお伝統的な性役割態度やジェンダー規範が適用され、固定化され、自由意思に基づく選択やキャリア形成を阻害していることに我々は目を向ける時期が来ているのではないでしょうか。

5-6 自己肯定感とキャリア

本章5-3において、**自己効力感**という言葉を取り上げました。自己効力感とは、「目標を達成するための能力を自らが持っていると認識すること：簡単にいえば、"自分ならできる"、"きっとうまくいく"と思える認知状態」であると説明しました。自己効力感に似た言葉に、**自己肯定感**という言葉があります。自己肯定感とは「自分の存在そのものを認める」感覚であり、自分が自分をどう思うか、良いところも悪いところも含めて自分をありのままに受け止め、それを好意的に解釈して自分を認める感覚の事です。自己効力感（やればできる）を発揮するには、自己を肯定的に受け止める土台が必要になります。自己肯定感が高いと感情は安定し、物事を肯定的に捉え、何事にも意欲的になれますので、必然的に「自己効力感」を持ちやすくなると言えるのではないでしょうか。

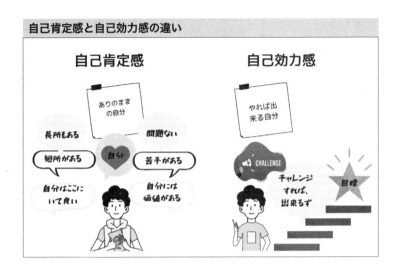

自己肯定感と自己効力感の違い

自己肯定感

ありのままの自分

長所もある
問題ない

短所がある　自分　苦手がある

自分はここにいて良い
自分には価値がある

自己効力感

やれば出来る自分

CHALLENGE
チャレンジすれば、出来るず

目標

　自己肯定感と自己効力感という二つの言葉は違うものですが、自己肯定感は自己効力感にも密接に結びつくととらえ、以降の説明ではこの二つの言葉を同じような意味で使いたいと思います（正確には違う言葉ですが）。

　職業選択における男女差の検討において、一般的に考えられているほど男女差は大きくなく（ココ大事！！！）、一貫して男女差があったのは、女性が男性に比べて共同的な自己概念，興味，価値を強く示す点（つまり、女性の方が人からの目線を気にしやすい），および男性が女性に比べてリスクテイキングや刺激希求を強く示す点にあることが示されています[15]。職業選択における男女差には、ジェンダー・ステレオタイプの存在が人々の仕事上の経験や行動に及ぼす影響が大きくかかわることが指摘されています。つまり、ジェンダーステレオタイプの存在により、自分と反対の男性的職業（もしくは女性的職業）とされるものに対して自己効力感が持ちにくい社会構造（環境）が生み出されていると言えます。女性管理職が少ない背景の要因としてよく指摘されることは、女性管理職のロールモ

デルが少ないことが挙げられます。ロールモデルがいないことにより、自己肯定感/自己効力感が持てず、自ずと興味がわかず、成功イメージも持てないため、一歩踏み出すことが難しくなります。

　ロールモデルが存在しないという点では、LGBTの人々、特にトランスジェンダーの人々もより深刻です。かつてはLGBTのローモデルが存在せず、自分の将来に絶望を抱えて自殺に至るなどの悲劇が繰り返されてきました。まだ少ないとはいえ、今では、同性愛を表明する著名人も多数登場しています。また、かつてトランスジェンダー女性は、夜の仕事をするニューハーフしかロールモデルとしての選択肢が見い出せず、自己肯定感を持ちにくい状況でしたが、最近では自分と同じような日常生活を送るトランスジェンダーの存在がマスコミで取り上げられる機会も増え、昔に比べれば、ローモデルを見出しやすくなってきています。と同時に、SNS等での誤ったトランスジェンダー像、ヘイト投稿が横行することによる問題も生じてきています。いずれにせよ、当事者たちがリアルの自分たちを知ってもらう活動が行われたり、ジェンダーニュートラルの動きが見られたり＜3-9.参照＞、とジェンダーを取り巻く環境は少しずつ変化しています。

　ジェンダーを男女二元論で考えるべきではないとしつつも、男女に違いがみられるところもあります。自己効力感を高める方策を考えた場合、男性には具体的な行動によるサポートが有益であるのに対し、女性は気持ちの共有といった情緒的なサポートが有益であると報告されています[16, 17]。男女の違いを固定的に決めつけることは避ける必要がある一方、男女の違いを認識した対策も必要であるという点、なかなかに難しい問題です。

自分の身の回りにはLGBTの人はいないと思っている読者の方も多いかもしれません。筆者自身も当初は身の回りにLGBTあるいはDSDsの人々の存在を感じることなく、全く別世界の事のように感じていました。しかし、葛藤を抱えつつも日常に溶け込み生活するLGBTの人々はいるのです。株式会社ランドホーが運営する国内最大級のLGBTインタビューWEBメディアLGBTER（エルジービーター　https://lgbter.jp/）では、「等身大の「私」を、まだ出会っていない人たちへ届けませんか？」をキャッチフレーズに、さまざまな個性の存在を知ることができます。当事者にとってはローモデルと出会いに、周囲の人々にとっては知り得なかった感性の理解増進につながることでしょう。

5-7　職業選択のプロセスに影響を与える４つの要因

　　社会的学習理論を提唱し、自己効力感を唱えたバンデューラは、「人間は自分で経験しなくても他者の観察学習（モデリング）によって学ぶ」と言いました。モデリングとは、お手本（モデル）を観察することで新しい行動パターンを学習し、観察者の行動に変化が生じる現象のことです。モデリングの過程には、①注意喚起、②保持過程、③運動再生過程、④動機付け過程があります。例えば、テニスを例にとってみましょう。ウィンブルドンを目指すテニス選手が錦織選手・大坂なおみ選手のような活躍する選手を見た時、どういう練習をしてどのような動きをしているのだろうかと考えます（注意喚起）。映像を見直して自分との違いをノートに書きだし実践でき

るように取り組みます（保持過程）。実際に真似してみても思うようにできないとき、動き出しのスピード不足に気づき、瞬発力を付けるトレーニングが必要だと思います（運動再生過程）。瞬発力を付ければ、これまで届かなかったボールにも届くだろう。よし、まずは瞬発力を付けるための基礎筋力づくりと見合ったトレーニングを行うぞ！（動機付け過程）となり、より具体的な目標設定をもとにモチベーションを持って頑張ることができます。「よし、やればできるぞ！」という自己効力感をもつことに成功したわけです。スポーツを例にとりましたが、職業選択においても同じことが言えるでしょう。

　自己肯定感には、大きく分けて**「絶対的自己肯定感」**と**「社会的自己肯定感」**の二つがあります。前者は、自分のダメなところや弱いところ、悪いところも含めて、自分が存在していること自体をまるごと肯定する、存在レベルの自己肯定感のことです。絶対的自己肯定感は、身近な人間からかけがえのない存在としてまるごと愛され、その苦しみを共感し、ありのままに受け入れられる共感的な人間関係の中で膨らむものです[18]。もうひとつは、他者評価や相対的評価からなる**「社会的自己肯定感」**です。この種の肯定感は、自らの努力で達成された成功体験や、仕事の成果や他者からの相対的な評価によって育まれます。環境や状況に左右されると言えます。そして、このような自分で変えることのできない環境的な状況変化や出来事は、自分の意思に関係なく生じます。

　スタンフォード大学の教授であり心理学者でもあるジョン・D・クランボルツ氏は、1999年に発表した「計画された偶発性理論**（プランドハプンスタンス理論）**」において、数百人のビジネスマンのキャリア分析の結果から、キャリアの8割は予期しない偶然の出来事によって形成されるとしました。同氏は、偶然のチャンスを意識的

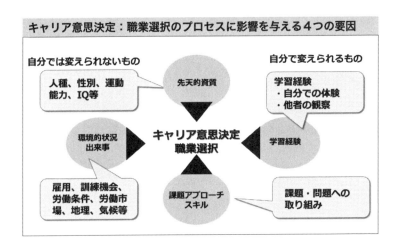

キャリア意思決定：職業選択のプロセスに影響を与える4つの要因

自分では変えられないもの

人種、性別、運動
能力、IQ等

先天的資質

自分で変えられるもの

学習経験
・自分での体験
・他者の観察

キャリア意思決定
職業選択

環境的状況
出来事

学習経験

雇用、訓練機会、
労働条件、労働市
場、地理、気候等

課題アプローチ
スキル

課題・問題への
取り組み

に自分のキャリア形成に取り込むために大切な姿勢として、①好奇心（視野を広げて新しいことを学習する）、②持続性（努力し続ける）、③柔軟性（変化に順応する）、④楽観性（成り行気に明るい見通しをもつ）、⑤冒険心（失敗をおそれずに、多少のリスクをとって行動する）を挙げています。社会的自己肯定感の形成にあたって、ステレオタイプなジェンダー意識の存在は少なからず、影響を与えていると思われます。私自身も含め、ついつい、「男だから…」「女だから…」と個人毎に違うはずのものを、男と女という大雑把な属性でひとくくりにしてしまい、無意識のジェンダーバイアスを持ってしまいがちですが、5つの要因が無意識のジェンダーバイアスに影響を受けることないよう、意識をしたいものです。

5-8 プロティアンキャリアと アイデンティティ／アダプタビリティ

　本章の最後は、移り変わる時代の新しいキャリア理論について少し触れて終わりたいと思います。かつての日本では、終身雇用や定年での退職が当たり前と言われていましたが、今やIT技術や働き方改革が進み、労働者を取り巻く環境は劇的に変わろうとしています。こうした変化の激しい時代には、旧来からのキャリア理論が合致しなくなり、今こそ、柔軟なキャリア構築を求められています。

　米国の心理学者、ダグラス・ホール氏は組織主体の伝統的キャリア理論に対し、環境の変化に応じて柔軟に個人を変化させる「プロティアン・キャリア」という概念を提唱しました。プロティアンの語源は、変幻自在に姿を変えられるプロテウスという、ギリシャ神話上の神の名に由来します。プロディアンキャリアという考え方が出てくるまでは、組織によって個人のキャリアが管理され、企業内でどのようにして昇進・昇格し、望む収入を得られるかが重要視されました。会社都合で転勤するのが当たり前のサラリーマン生活で

第5章　キャリアコンサルタント視点のジェンダー論

	伝統的なキャリア	プロティアンキャリア
管理	組織	個人
核となる価値	進化・昇進	自由・成長
成功の基準	地位・給与	心理的成功
重要な態度	組織的コミットメント 組織からの尊敬	仕事の満足度 専門的なコミットメント 自分自身を尊敬できるか
アイデンティティ	組織において 自分は何をすべきか	自分は何をしたいか
アダプタビリティ	組織での生き残り →組織における柔軟性	市場価値 →仕事における柔軟性

Hall&Mirvis(1996)をもとに作成

す。これに対し、プロティアンキャリアでは、個人によりキャリアが管理され、給与や年収ではなく、心理的な成功が重要視されます。

　この図を見たときに、女性は男性に比べてライフイベントによるキャリア変更を余儀なくされてきた分、既にプロティアンキャリアに近い働き方を模索していたのではないかと感じます。組織内での競争を当たり前のものとしてスーツに身を包み、しゃにむに働いてきた企業戦士たち。その多くは男性であり、男性中心のビジネスシーンの中で女性はながらく補助的な役割に甘んじてきました。しかし、ITの発達やコロナ渦以降のニューノーマル時代の中で、個人が自分に合った生き方を選べるようになり、ジェンダーニュートラルの流れに見られるように、男女性別にとらわれないジェンダーバイアスを低減した社会構造が意識されるようになると、企業や組織に依存せず環境に合わせて最適なキャリアを構築する機会は増えてくるでしょう。

　プロティアンキャリアを理解するうえで、二つの重要な要素が挙げられます。ひとつ目は、**アイデンティティ**です。「自分は何者なのか？」「自分の意思で仕事においてやりたいことに気が付けているかどうか」を指します。もうひとつは、**アダプタビリティ**です。アダプタビリティは、「環境変化への適応性」があるかどうかということです。労働者は、自分自身の自己実現や幸福を追求するために環境変化に応じて柔軟に自分を変化させながら自身のアイデンティティ（アイデンティティの探求）と常に変化する環境の要求にタイムリーにかつ適切に行動（反応学習）することを通じて、この両者の間に生じるズレを整合性をもって継続的に維持する力（統合力）を持つ必要があります。環境変化に適応するためには、周囲の環境変化に応じて動向を把握し、収集した情報をインプットする能力（適応スキル／適応コンピタンス）と得られた知識や経験を自分自身で発展

させ応用した形でアウトプットできるスキル（適応モチベーション）が二つともそろっていることが大切です。これからの時代、自己への気付きを確立し、その気づきを行動に移すことが大切になります。

5-9　ありのままを活かす働き方／生き方に向かって：キャリアコンサルタントとジェンダー

　第5章の冒頭（5-1.）で述べたようにキャリアコンサルタントは名称独占の国家資格です。国家資格にはさまざまなものがありますが、行政書士のように一度取得したら一生モノというものもあれば、中小企業診断士のように更新制のものもあります。キャリアコンサルタントは後者なので、5年に1回の更新となっています。更新にあたっては、所定の知識講習と技能講習を受講した上で、一定水準の課題に合格しなければなりません。

　筆者（橘）が資格の更新時期に取り組んだ感想をご紹介します。コロナ禍という時節がら、ほとんどのカリキュラムはオンラインで受講することができますが、所定の時間数の講座に皆出席した上で、一定の課題が与えられて提出が求められるという仕組みになっていることが多いです。具体的な知識講習の内容は、以下のような内容です。キャリア形成から労働法令、学校教育、メンタルヘルス、個人の多様な特性まで、多岐に渡っています。

●職業能力の開発の知識
●企業におけるキャリア形成支援の知識
●労働市場の知識
●労働政策および労働関係法令並びに社会保障制度の知識
●学校教育制度およびキャリア教育の知識

●メンタルヘルスの知識
●中高年齢期を展望するライフステージおよび発達課題の知識
●個人の多様な特性の知識

　これはあくまで更新講習のうちの「知識講習」の概要ですが、さらにいくつかの技能講習の受講も義務づけられているため、国家資格の更新で問われるテーマはさらに幅広いといえます。ところが、キャリアコンサルタントとして「ジェンダー」について関心を持ちながら活動をしている立場からすると、やはりこの分野まだまだ遅れていることを痛感します。上記の概要でいえば「個人の多様な特性の知識」が該当しますが、この中を見ると大きなテーマは、女性、若年者、発達障害、病気との両立支援です。残念ながら「ジェンダー」については項目には含まれていません。

　もちろん、それぞれの現場における判断や裁量で取り組むべきテーマであり、国家試験や更新講習で資格者に課せられた水準の知識や技能を基礎として、応用的に対応することが求められるといえるのだと思います。それにしても、現在の働く現場においては、ジェンダーをめぐるテーマは非常に幅広く、また根が深いということができます。それは典型的なLGBTをめぐる課題や労使間の紛争などに限定されるわけではなく、就職や就業やキャリア開発にあたって、いつどこにだれに起こってもおかしくないテーマだといえます。

　典型的な男性、典型的な女性ばかりが社会に存在するわけではなく、男性の中にも女性的な要素があり、女性もまた男性的な側面を持っています。それは個人によって状況が異なり、また外部環境によっても変化します。そして、生涯に渡って不変とはいいがたく、その人独特のライフステージで変化しうる「揺らぎ」があります。このように考えると、キャリアコンサルティングの現場においては、一定の知識や経験をベースとした「ジェンダー」についての目配せ

や具体的な方策、対応が不可欠だといえると思います。

　国家資格の取得にあたっては、講習および国家試験において「ロールプレイング」が課されます。受験者（受講者）がコンサルタント、試験官（講師や他の受講者）がクライエント（相談者）の役割を果たして、実際の相談場面をロールプレイングします。この実技試験で一定水準の得点ができないと、国家試験には合格できません。実際に他の国家資格者や人事業務経験の長い人でも、ロールプレイングを苦手とすることで合格できない人もたくさんいます。

　ロールプレイングでは、基本的には３つのパターンが設定されることが多いです。①新規採用、②中途採用、③女性です。これに高年齢者の就職などが加わったりします。ここで若干の違和感を覚えるのは、今なお「女性」は“特殊な”求職者や労働者だと、少なくともカテゴリーとしては扱われていることです。もちろん、これには現場における実態やポジティブアクションとしての側面もあると思いますが、理念的・啓蒙的な意味では好ましいこととは言えないと思います。

　女性は（いわゆる概念的な）“女性”という枠で扱われることによって、当初から“男性”（という名のスタンダード）ではないという視点で見られることになります。これは女性特有のテーマに寄り添うという点ではメリットかもしれませんが、無意識のバイアスが生じてしまったり、行き過ぎた一般化が起こってしまったりするデメリットもあります。あくまでケースバイケースとはいえ、必ずしも“女性”という働き方を望まない人や、“女性”という枠組みに固執しない多様性と向き合おうとしている人にとっては、ややもすると行き過ぎた仮説によって、クライエントの抱える真の課題を見落としてしまったり、無意識のうちに一定の方向性へと誘導してしまったりするリスクもあります。

　これは、逆の意味で男性についてもいえます。今までの雇用慣行

では、男性はあくまであらゆる個性や属性や特徴の違いを飛び越えて、ひとくくりに"男性"ということになっています（されてしまっています）。単純にジェンダーという視点からにとどまらず、さまざまな事情や背景によって典型的な"男性"という枠にはまらない男性は、就職・転職活動や就業にあたってさまざまな葛藤や負荷を抱えますが、それらに対するキャリアコンサルタントの目配せは必ずしも十分とはいえない気がします。

　筆者は幸いなことに、勉強仲間にとても恵まれました。受験勉強していた頃、ロールプレイングを苦手をしていた人をみんなで励ましたり、授業後も遅くまで残って一緒にロールプレイングをしたり、休日にみんなで会議室を借りて特訓をしたりしていました。そんな中で出てきた共通の悩みが、「男性は女性のクライアントが苦手」ということ。就職活動をする学生や、職場で悩みを抱える人や、定年後のキャリアについて考える人へは無理なく感情移入できるけど、女性だけはどうも苦手。このように嘆く男性たちが本当に多かったです。

　これは奇しくも世の中が依然として男性社会であり、"男性"という枠から外れる生き方は極めてイレギュラーであり、"女性"はあくまで"特殊な働き手"だと認識されていることの裏返しだと思います。真剣にキャリアを積み重ねたいという女性たちにとってあまりにも不合理な見立てであることはもちろん、従来の枠組みに収まりたくない男性にとっても生きづらい世の中だといえるように感じます。

　キャリアコンサルタントとジェンダー。キャリアにおける女性の問題を考えるうえで、今こそ、枠組みを男女二元論でとらえるのではなく、幅広くジェンダーの目線を持つことが欠かせないのではないでしょうか。ジェンダーの問題＝女性の問題、あるいはLGBTの問題という狭い範囲にとどまることなく、高い視座からこの問題を

俯瞰し、一人一人がより充実した人生を歩めるように願っています。

あとがき

　第5章までにジェンダーにまつわる各種の話題を取り上げてきましたが、ジェンダーは時や場所、社会環境の変化によって常に移り変わるものであることは前述したとおりです。同時に、キャリア形成の在り方についても社会の法制度の在り方や社会通念の変化によって常に移り変わっていきます。この移り変わる二つの事象（ジェンダーとキャリア）をめぐる諸課題について、本書を通じて考えるきっかけが得られたなら幸いです。書き足りないことが山ほどあります。本書を購入してくださった方々は、これをきっかけに、誰もが「自分らしく」いられるために何ができるのか、一緒に考えてみましょう。

　本書により、提言したいことをまとめます。

1. ジェンダーについて悩みを抱えるすべての人々にとって、「男だから」「女だから」という属性による枠組みで自身を語られることは、それぞれの人々にとっての生きづらさにつながる可能性のあることを理解しましょう。

2. 社会通念としてのジェンダー規範は、ある時代のある場所における、ある考え方のひとつであり、常にアップデートされています。今こそ、男女二元論の枠組みにとらわれることなく、個々人が自分らしくいられる世の中が求められています。

3. LGBTの問題は、性的マイノリティと言われる人々だけの問題ではありません。また、すべての人が等しくセクシュアリティを持っており、そのセクシュアリティによりライフキャリアが制限されるべきではありません。

4. LGBTの問題と性分化疾患の方々が抱える課題を混同しないようにしましょう。

5. 女性のキャリア問題を考えるうえで、男性に向けられるジェンダーバイアス（男らしさの強要や服飾の性差）の存在も重要な課題です。

6. キャリア形成において自己肯定感は大切です。自己肯定感を高めるには、自分にも他人にも無用なジェンダーバイアスをかけることの無いように注意しましょう。

用語集

ジェンダーレスとジェンダーフリーは違う

　ジェンダーレスやジェンダーフリーは、単なる『おしゃれ』や『流行り』ではなく、人権問題や男女格差の解消のためにも社会的意義の深い言葉です。

	ジェンダーレス (男女の**区別**をなくす)	ジェンダーフリー (男女の**差別**をなくす)	ジェンダーニュートラル (性別という垣根を超えて**中立を目指す**考え方)
職場	誰でも育児休暇が取れるようにする	寿退社をなくしたり、女性は制服という決まりをなくしたりする	公共交通でよく聞く「ladies and gentleman」のアナウンスの廃止
家庭	家事を分担する	家事や育児を母親だけに押し付けない	ジェンダーニュートラルの人形 (どの性別にも自由に着せ替え可能)
学校	男子は黒や青、女子はピンクや赤といった色分けをやめる	女子にスカートやブルマーの着用を義務づけない	履歴書の性別欄廃止
地域社会	野球やサッカーにも女の子が参加できるようにする	男性に力仕事、女性に細かい作業を与えると言った決めつけをしない	性別でターゲットを絞らないファッション・コスメブランド

　以下、ジェンダーを語るときに使われる用語について、まとめました。

用語	解説
性 (Sex)	ある個人（individual）が出生時に割り振られた性区別。 身体的性という場合、身体構造における性。外陰や内陰、染色体、性腺など生物学的観点から定められたものをいう。Sexという言葉は、以下のように広い範囲を含む。 1　人が本来そなえている性質 2　同種の生物の、生殖に関して分化した特徴。雄性と雌性。雄（おす）と雌（めす）、男と女の区別。また、その区別があることによって引き起こされる本能の働き 3　《gender》インド–ヨーロッパ語・セム語などにみられる、名詞・代名詞・形容詞・冠詞などの語形変化によって表される文法範疇（はんちゅう）の一。男性・女性・中性などの区別がある。日本語には、文法範疇としての性の区別はない。英語でも代名詞にみられるだけで、それ以外の品詞では消滅している。
セクシュアリティ (Sexuality)	セクシュアリティにぴったりと当てはまる日本語訳はない。「人間の性のあり方」と解釈される。
ジェンダー (Gender)	ジェンダーとは、社会的な意味合いから見た男女の性区別のことです。「社会的模範における性差（性別による社会的な役割）」という捉え方も可能です。
ジェンダー・フリー (Gender Free)	社会的性別にとらわれず、誰もが平等かつ自由に行動できること。日常生活（仕事や家庭）において、男女ともに自由に行動や発言でき、さまざまな選択ができるようにする取り組みです。 →ジェンダーレスとジェンダーフリーは異なる。
ジェンダーレス (Genderless)	「ジェンダーレス」は、世間に存在している社会的または文化的な性差を無くしていこうという考え方。仕事や生活にて、さまざまな男女の境界を無くすことが目的です。性差を含んだ呼び方である「保母」「看護婦」を「保育士」「看護士」に訂正するなどが該当します。

用語	解説
性自認／ジェンダー・アイデンティティ (Gender Identity)	自身の性をどのように認識しているか。 人物（person）に深く根差した、女性か男性か、あるいはそのどちらにも属さない性かといった心理的な自己認識。「個人が自分自身をどのように認識し、何と呼ぶか」（その人物の心理的な自己認識）は、出生時に割り当てられた性別と同じ場合もあれば、異なる場合もある。その人物の心理的な自己認識は、誕生時の性に一致しないこともありえます。米国の人権団体「ヒューマン・ライツ・キャンペーン」によると、「ジェンダー・アイデンティティ」は「ジェンダー」とは異なり、「男性、女性、その両方、またはそのどちらでもないという自己のもっとも深い部分の概念」のこと。
性的指向 (Sexual Orientation)	どんな人を好きになるか。 男性、女性、またはノンバイナリーのいずれに性的魅力を感じるかを表す言葉。
性表現 (Gender Expression)	見た目や言動などで表す性
ジェンダー規範 (Gender Norms)	男性と女性のあるべき姿・形・行動についての考えのこと（男はこうあるべき、女はこうあるべきという考え方）。規範（ノーム）とは、ある特定の時代の一点における、ある特定の社会やコミュニティが容認しているジェンダーの属性や特徴のことです。したがって、ジェンダー規範は場所や時により、変遷するものである。
ジェンダー役割 (Gender Roles)	男性や女性、男児や女児、第三のジェンダーやトランスジェンダーの人物たちに課されている責任や仕事、社会的に帰する態度や行動様式のことです。
ジェンダーギャップ指数	「ジェンダーギャップ指数」とは、男女の格差を数値で表したもの。2006年以降、毎年調査され、世界経済フォーラムで各国のジェンダーギャップ指数がランキング形式で発表される。ジェンダーギャップ指数は、「経済・教育・健康・政治」の4分野で集計され、数値が1に近いほどジェンダーギャップが少ないことを意味します。

用語	解説
ジェンダー関係 (Gender Relations)	例えば、両性の間で力や資金・資源へのアクセスや支配がどのように配分されるかといった、女性と男性の間に生じる社会的関係のこと。慣習的に女性に関連した、あるいは伝統的な性別やジェンダーの規範から逸脱しているとされる者の役割や才能、能力に対し、文化・社会規範は通常低い価値を与えている。このことは、階級的、平等ではないジェンダーの関係を惹起している。
ジェンダーニュートラル (Gender Neutral)	性別という垣根を超えて中立を目指す考え方のこと。言語や社会的制度、日常のアクションなどが、性やジェンダーに基づく規範に影響を受けるべきではないとする考え方を指す。特定のジェンダーにとって優位に作られたシステムを打破し、あらゆる人々の平等を実現するためにつくられた。
LGBTQ	レズビアン、ゲイ、バイセクシャル、トランスジェンダーの頭文字をとったもので、「Q」は「クィア（Queer）」や「クエスチョニング（Questioning）」を意味することが多い。
レズビアン (Lesbian)	他の女性に惹かれる女性。性的指向が女性である女性（トランスジェンダー女性も含む）
ゲイ (Gay)	狭い意味では、他の男性に惹かれる男性（性的指向が男性）。という意味でつかわれるが、広義には、肉体的、恋愛的、感情的に同性に惹かれ続ける人（レズビアンも含む）。
バイセクシャル (Bisexual)	複数のジェンダーに魅力を感じる人。出生時に割り当てられた性別を問わず、性的指向が両性である人。
バイジェンダー (Bigender)	男でもあり、女でもある人。あまり使われない言葉だが、性別移行過程にあるトランスジェンダーは、周囲の状況に合わせて、社会的に男性として、女性として生活する「バイジェンダーの状態」であると言える。ただし、バイジェンダーと自己認識している人の割合は不明である。

用語	解説
トランスジェンダー (Transgender)	出生時に割り当てられた性別と、身体的性もしくは表現する性が異なる人（割り当てられた性別と異なるアイデンティティを持つ人という言い方もある）。
Xジェンダー (X Gender)	性自認が男女二元論ではくくれないあり方。男性でも女性でもないと感じる人々もXジェンダーに含まれ、広義の意味でXジェンダーはトランスジェンダーに内包されます。
シスジェンダー (Cisgender)	出生時に割り当てられた性別に従って生きる人。出生時の性別と、現在自分が捉えている性別が「一致」していると思う状態、あり方
ノンバイナリー (Non-Binary)	人間というものが、「男」か「女」というジェンダーの二項目のどちらかに明確にあてはまるという考えとは異なり、「バイナリー（二項）ではない」という概念。異性愛だけが愛／性的指向のかたちではないことが理解されると同時に、それまでの明確なジェンダーの二項区分にあてはまらない人たちがいるという理解が広まる流れのなかで生まれた言葉。性自認が男性でも女性でもない人。または男性と女性がまじりあっている人。
アセクシャル (Asexual)	無性愛者。他者に対して性的魅力を感じなかったり、本質的に性的欲求を感じなかったりする人。同性だけでなく異性に対して恋愛感情を抱かない、性的指向が誰にも向いていない。一方、あらゆる性別を好きになる人をパンセクシュアルといいます。

用語	解説
アロマンティック (Aromantic)	他人に恋愛感情を感じない人や指向のことである。アロマンティックは他者に対して恋愛感情は抱かないが、性的欲求を抱く場合はある（この点がアセクシャルと異なる）。アロマンティックの人は、他者と恋愛をしたいという欲求を持たないため、メディアやドラマで描かれるような恋愛的な描写が理解できなかったり、家族愛や友人愛とは違うロマンチックな恋愛感情を感じることができなかったりする。そのため、日常生活で当たり前に繰り広げられる恋愛話にも、違和感や嫌悪感を覚える人もいる。
デミセクシュアル／デミロマンティック	他者と情緒的なつながり（信頼関係）がある場合のみ性的／恋愛的に惹かれることがある
パンセクシャル (Pansexual)	すべてのジェンダーに惹かれる人。一方、すべてのジェンダーに惹かれない人をアセクシャルという。
クィア (Queer)	クィア（Queer）は、元々は「風変わり」というといった英語圏の言葉で、同性愛者に対して変態という意味で侮辱的に使われていましたが、当事者たちがこれを肯定的に捉え直し、マイノリティ全体を繋ぎとめ、連帯へと導く働きとして使われるようになりました。マイノリティの総称の意味もあります。
クエスチョニング (Questioning)	自分の性別や性的指向を決められない、迷っている状態の人。
SOGI (Sexual Orientation and Gender Identity)	「性的指向」（Sexual Orientation）と「性自認」（Gender Identity）の頭文字をとった言葉で、全ての人の性のあり方（セクシュアリティ）を人権として考えていく際に使われます。「性表現」（Gender Expression）からEを取ってSソジイーOGIEとする場合もあります。

用語	解説
アライ (ALLY)	アライ（Ally）とは、性的マイノリティに対する理解と支援の意思を表明している人のこと。アライとしてできることは、①知る・考える：映画や本、講演を通じて知り、身の回りの環境に性の多様性があることを前提としているかを振り返る、②変わる：差別的言動を見かけたら注意する、男女分けの決めつけを無くす、③伝える：性的マイノリティのニュースや話題を肯定的に伝える等、があります。
アウティング (Outing)	他人の性自認や性的指向を勝手に暴露すること。「ゲイなんだって」「〇〇先輩はバイだからなぁ」など本人が公にしていない情報を、職場や学校などのコミュニティで伝えることがアウティングに当たる。
カミングアウト (Coming Out)	LGBTQ＋当事者が本人の性自認や性的指向を他者に伝えること。
MtF / FtM (Male to Female / Femal to Male)	エムティーエフ／エフティーエムは、それぞれ男性から女性へ、女性から男性へ性別を変更して生きる人を表すときに使います。
ターフ (TERF)	「trans-exclusionary radical feminist」の略語。「トランスジェンダー女性を「女性」の枠から除外しているラディカル・フェミニスト」といった意味合いで批判的な意味で使われる。
性別違和 (Gender Dysphoria)	2013年にアメリカ精神医学会が発行した「精神障害の診断および統計マニュアル」第5版（DSM-5）で、精神疾患としての「性同一性障害」が削除され、代わりに「性別違和」と記載されるようになりましたが、現在は性別不合に変更されています。「性別違和」の定義は「出生時に割り当てられた性別と自分の性自認との間の不一致から生じる心理的苦痛」とされる。

用語	解説
性別不合[18] (Gender Incongruence)	性同一性障害/性別違和の呼び方は、WHO（世界保健機関）の国際疾病分類・第11版（ICD-11）において、性別不合と変更された。このことで「性別不合」は、精神疾患ではなくなり、かつ、疾病分類のリストには残るため、望む人には従来通り、ホルモン療法や外科的手術などの医療行為を受けることができるようになった。

参考資料

■ LGBTに関する調査報告

調査時期	対象	調査方法	調査元機関	調査結果
2016.06	全国の20〜59歳の有職男女1000名	インターネット調査	日本労働組合総合連合会	LGBT等・当事者は8%
2018.10	全国20〜59歳の個人6万人	インターネット調査	電通ダイバーシティ・ラボ	LGBT層の該当者は8.9%
2019.04	全国20〜69歳の個人428,036名	インターネット調査	株式会社LGBT連合研究所	LGBT／性的少数者の該当者は約10%
2020.12	全国20〜59歳の個人6万人	インターネット調査	電通ダイバーシティ・ラボ	LGBTQ＋層の割合は8.9％。L・G・B・T以外の多様なセクシュアリティも半数近く占める

　2017年に一般社団法人日本経済団体連合会が実施した調査によれば、会員企業の76.4%が「LGBTに対して何らかの取り組みをすでに実施または検討中である」と回答しました[19]。

■ ジェンダーにまつわる医学的な取り扱いの変遷

年度	出来事
1973年 (昭和48年)	米国精神医学会発行「精神障害の診断と統計マニュアル（DSM）」において、同性愛 homosexuality の項目が削除
1990年 (平成2年)	世界保健機構（WHO）発行「疾病および関連保健問題の国際統計分類（ICD-10）」において、同性愛 homosexuality の項目が削除され、「同性愛はいかなる意味でも治療の対象にはならない」と付記
1994年 (平成6年)	厚生省がICDを公式な基準として採用することを決定
1995年 (平成7年)	日本精神神経医学会がICDを尊重する見解を表明
2013年 (平成25年)	「精神障害の診断と統計マニュアル（DSM）」において、性同一性障害 gender identity disorder という表現がなくなり、性別違和 gender dysphoria へと変更
2019年 (令和元年)	世界保健機関（WHO）は、その最高意思決定機関である世界保健総会において、「精神疾患」から性同一性障害を除外し、「性の健康に関連する状態」という分類の中に gender incongruence（仮訳「性別不合」）を新設する内容を含む、新たなICDを採択
2022年 (令和4年)	WHO（世界保健機関）の国際疾病分類・第11版（ICD-11）が発効

脚注 (リファレンス)

1　男女共同参画に関する国際的な指数
　　https://www.gender.go.jp/international/int_syogaikoku/
　　int_shihyo/index.html

2　性自認および性的指向に関する調査 (令和4年3月 東京都総務
　　局人権部)
　　https://www.metro.tokyo.lg.jp/tosei/hodohappyo/
　　press/2022/03/30/12.html

3　日本性分化疾患患者家族会連絡会　ネクスDSDジャパン
　　https://www.nexdsd.com/dsd

4　統計数理研究所「国民性調査」
　　https://www.ism.ac.jp/kokuminsei/

5　LGBT法連合会「LGBTQ 報道ガイドライン」
　　https://lgbtetc.jp/wp/wp-content/uploads/2022/04/
　　lgbtq-media-gudeline-2nd-edit-1.pdf

6　石川優実『＃KuToo（クートゥー）:靴から考える本気のフェ
　　ミニズム』現代書館

7　『ビジュアル 日本の服装の歴史2　鎌倉時代〜江戸時代』ゆま
　　に書房

8　長島淳子著『江戸の異性装者たち』勉誠出版

9　仕事と生活の調和（ワーク・ライフ・バランス）憲章
　　https://wwwa.cao.go.jp/wlb/government/20barrier_
　　html/20html/charter.html

10　Adachi T et al., Occupational Gender Stereotypes among
　　University Students: Their Relationships with Self-
　　Efficacy and Gender Role Attitudes　Japanese
　　Association of Industrial/Organizational Psychology
　　Journal, 2014, Vol. 27, No. 2, 87-100

11 Adachi T et al., Work–family planning and gender role attitudes among youth, International Journal of Adolescence and Youth, 23:1, 52-60, DOI: 10.1080/02673843.2016.1269655

12 OECD（経済協力開発機構）の幸福度白書の最新版（「How's Life？ 2020」
How's Life? 2020: Measuring Well-being | en | OECD

13 なぜ日本男子は世界で唯一、女性より幸福度が低くなるのか？
＜News Week2021年7月28日（水）＞
https://www.newsweekjapan.jp/stories/world/2021/07/post-96774.php

14 下村英雄　2019　社会正義のキャリア支援─個人の支援から個を取り巻く社会に広がる支援へ　図書文化

15 坂田桐子　選考や行動の男女差はどのように生じるか─性別職業分離を説明する社会心理学の視点　日本労働研究雑誌 56（7）, 94-104, 2014-07

16 松田晶子・佐藤真理・張替 松田晶子・「糖尿病患者の性差による自己効力感違いについての検討」『山口県立大学看護部紀要』

17 奥田 訓子ほか「女性のため就労支援プログラム開発と効果評価について─保健・福祉育分野への再就職転を 目指す女性開発と効果評価について─」『Special_issue』30, 123-131.

18 高垣忠一郎著「生きることと自己肯定感」新日本出版社

19 針間克克己著「性別違和・性別不合へ　性同一性障害から何が変わったか」緑風出版

20 ダイバーシティ・インクルージョン社会の実現に向けて
https://www.keidanren.or.jp/policy/2017/039.html

21 Fusar-Poli L, et al., Second-to-Fourth Digit Ratio (2D:4D) in Psychiatric Disorders: A Systematic Review of Case-control Studies. Clin Psychopharmacol

22   Neurosci. 2021 Feb 28;19(1):26-45. de Sanctis V et al., Is the Second to Fourth Digit Ratio (2D:4D) a Biomarker of Sex- Steroids Activity? Pediatr End ocrinol Rev. 2017Jun;14(4):378-386.

23   Bunevicius A. The Association of Digit Ratio (2D : 4D) with Cancer: A Systematic Review and Meta-Analysis. Dis Markers.2018 Feb 8;2018:7698193.

【著者紹介】

神田　くみ（かんだ・くみ）
キャリアコンサルタント。一般社団法人ジェンダーキャリアコンサルティング協会副代表。アライ。
キャリアの初期は薬理研究に従事し、臨床研究サポート業務、医学系専門誌や患者向け冊子の執筆にメディカルライターとして関わる。生命の不思議に魅せられ、男女枠組みの明確さとともに、その不確かな「あいまいさ」からジェンダー（性別役割）に関心を持つ。キャリア後期はウェブディレクターとして複数サイトの運営に携わり、縁があって一般社団法人 GCCI の立ち上げメンバーとなる。ジェンダーフリーの視点から、キャリア開発や地域コミュニティーの支援にも携わる。修士（農学）。
Instagram：https://www.instagram.com/kumi3_desu/

橘　亜季（たちばな・あき）
キャリアコンサルタント。一般社団法人ジェンダーキャリアコンサルティング協会主任研究員。
10 代で初めて時事についてコラムを書き、20 代から専門職として中小企業の経営支援に携わる。労働法やキャリアをめぐる登壇や寄稿も多数。ふとしたことからジェンダーのテーマに強い関心を持ち、古典的な男女二元論を疑う視点から実践的な研究を行うようになる。
現在のジェンダー、男らしさ・女らしさ、ファッションなどについて、キャリア、法律、社会、文化、歴史などの観点から問う。定期的にジェンダーについて発信している note や twitter には、ひそかな隠れファンも多い。修士（文学）。
note：https://note.com/aki_3o3
twitter：https://twitter.com/aki_3o3

一般社団法人ジェンダーキャリアコンサルティング協会
〒 541-0047 大阪市中央区淡路町２丁目１－１０ユニ船場５０３号
代表理事　小岩　広宣
https://gcci.jp/

男はスカートをはいてはいけないのか？　キャリコン視点のジェンダー論

2023 年 4 月 21 日　　第 1 刷発行

著　　者 ——— 神田くみ
著　　者 ——— 橘亜季
発　　行 ——— 日本橋出版
　　　　　　　〒 103-0023　東京都中央区日本橋本町 2-3-15
　　　　　　　https://nihonbashi-pub.co.jp/
　　　　　　　電話／ 03-6273-2638
発　　売 ——— 星雲社（共同出版社・流通責任出版社）
　　　　　　　〒 112-0005　東京都文京区水道 1-3-30
　　　　　　　電話／ 03-3868-3275